KB274667

기업은
혁신을 통해 성장한다

이성열 · 염승섭 지음

한국경제신문

컨설턴트라는 직업상 기업인들로부터 "현재 경영의 화두가 무엇인가, 경영인으로서 무엇을 준비해야 하는가"라는 질문을 자주 받는다. 그때마다 내 머릿속에는 세 단어가 떠오른다. 바로 '성장(Growth)', '혁신(Innovation)', 그리고 '지속성(Sustainability)'이다. 지난 17년간 줄곧 컨설팅 업계에 몸담으며 국내외 기업들의 대규모 혁신 프로젝트들에 참여했던 경험에서 도출된 핵심 키워드다. 이 책이 다루고 있는 주제도 세 화두에 대한 것이다.

IBM 글로벌 비즈니스 서비스(舊, 비즈니스컨설팅서비스)는 지난 2004년 전세계 456명의 CEO를 대상으로 향후 2~3년간 가장 중요하게 생각하는 경영 화두를 조사했다. 대부분의 응답자가 '성장(Growth)'을 화두로 꼽았다. 2006년 IBM은 전세계 765명의 CEO를 대상으로 다시 같은 조사를 실시했다. 이번에는 '혁신(Innovation)'이 글로벌 CEO들의 핵심 아젠다로 지목되었다. 이는 최근 기업경영의 최대 화두가 성장과 혁신임을 보여주며, 실제로 많은 기업들이 '혁신을 통한 성장'에 많은 노력을 기울이고 있음을 나타낸다.

성장과 혁신이란 단어는 경영서적, 신문기사, 논문, 세미나, 기업전략 등에서 자주 등장하고 강조되기 때문에 우리에게 친숙하게 느껴진다. 하지만 막상 이를 실현하고자 할 때는 매우 어렵다. 어디서부터 어떻게 시작해야 할지 막막하다. 기업 역시 '혁신을 통한 성장'을 위해 어마어마한 노력과 비용을 투자하지만, 실패하는 경우가 다반사다. 그만큼 실현하기 힘들다는 뜻이다.

이 책은 기업들이 혁신과 성장을 위해 필요한 구체적인 실행 방안을 제시한다. 혁신에 대한 개념 및 모델뿐 아니라, 국내 선도 기업들의 다양한 경영혁신 사례들을 체계적으로 소개한다. 또한 선진 외국기업들의 혁신 모델을 벤치마킹하여 세계적인 회사로 성장한 국내 기업들의 혁신 기법들도 소개한다.

혁신을 통한 성장은 '기업의 지속성(Sustainability)'이라는 경영자의 또 다른 과제와도 깊은 관련이 있다. 혁신을 통한 성장은 지속적 성장을 이루기 위한 필요조건이지만 충분조건은 아니다. 이 책은 세번째 주제로 기업의 지속성을 위한 모델을 제시한다. 더불어 IBM 글로벌 비즈니스 서비스가 2004년부터 언론사와 함께 추진해 온 '존경받는 기업'에 대한 실제 적용 사례도 소개한다.

'성장', '혁신', 그리고 '지속성'은 21세기 기업경영의 핵심 키워드라 할 수 있다. 이 책은 그 동안 IBM이 수행했던 다양한 프로젝트와 프로그램들을 중심으로 이 세 가지를 달성하기 위한 실질적인 접근법에 대해서 이야기하고자 한다.

이 책을 만드는 과정에서 많은 도움을 준 IBM 글로벌 비즈니스 서비스의 여러 파트너와 컨설턴트들, 특히 책의 구성에 필요한 자료 조사 및 정리, 작성 등에 깊이 참여한 이윤희 컨설턴트와 서재일 컨설턴트의 수고에 감사의 마음을 전한다.

그리고 책이 나오기까지 고생한 마케팅의 김희 차장, 장선아 선생과 원고를 꼼꼼히 읽어준 한국경제신문사의 송대섭 기자, 그리고 급한 일정에도 책의 가치를 높이기 위해 애써 주신 한경BP 직원 여러분께도 고마운 마음을 표한다.

마지막으로 사례 작성에 도움을 주신 고객사의 프로젝트 관계자 분들과 소중한 사례를 기재하도록 허락해 주신 것에 대해서도 깊은 감사를 드리며, 성장이 혁신을 통해 이루어지듯 IBM의 성공도 고객사의 성공을 통해서 이루어진다는 점을 다시 떠올리며 이 책을 시작하고자 한다

이성열 박사, 대표 파트너
Global Business Services, IBM Korea

이 책에서는 급격히 변화하는 경영환경에 대응하여 기업이 지속적으로 성장하고 또 원하는 경영성과를 달성할 수 있도록 기업을 혁신하는 방법과 사례를 살펴본다. 그리고 이에 대한 전체적인 모델도 조망한다.

이 책은 그 동안 진행해 온 광범위한 분야의 컨설팅 및 경영진 면담, 교육 등의 경험을 바탕으로 씌어졌다. 경영진이나 기업의 중간 관리자들은 매일매일 현장에서 발생하는 관심사에 곧바로 적용되지 못하는 이론서에 상당한 거부감들을 갖고 있다. 이를 감안해 경영 일상에 매우 바쁜 경영진과 실무진들이 손쉽게 읽을 수 있도록 핵심적인 개념과 IBM 글로벌 비즈니스 서비스가 과거 10여 년간 수행해 왔던 실제 프로젝트들을 중심으로 혁신수행 방법론 및 사례들을 소개하는 방식을 취했다. 여기에 소개된 국내 경영혁신 사례들을 통해 의미 있는 간접체험이 될 수 있기를 희망한다.

이 책은 총 4개 파트로 구성되어 있다.

Part 1에선 CEO들의 화두인 '성장과 혁신'이라는 주제를 사회적·역사적 관점에서 조망한다. 혁신의 의미 및 사회적인 영향과 이 책의 주요 관심사인 경영혁신의 의미에 관해 구체적으로 살펴본다. IBM이 실시한 글로벌 CEO 스터디의 조사 결과를 토대로 성장과 혁신에 대한 CEO들의 생각을 알아보고 이를 토대로 조직혁신을 위한 시사점도 제시한다.

Part 2에선 경영혁신의 의미와 세 가지 유형, 실제 적용 사례에 대해 살펴본다. '제품 혁신', '프로세스 혁신', '비즈니스 모델 혁신' 등 다양한 경영혁신의 특징을 개괄하고 비즈니스 모델 혁신의 중심축인 '전문화 기업'에 대해 자세히 알아본다. 또 프로세스 혁신의 방법론과 성공요인을 짚어본다.

Part 3에선 IBM 글로벌 비즈니스 서비스가 수행한 국내 대표기업들의 프로세스 혁신 사례들을 살펴본다. 포스코, 삼성전자, **GS**칼텍스, 한국타이어, STX조선, 삼성SDI, 다음커뮤니케이션, 태평양, 기업은행 등 각 분야에서 혁신 리더로 평가받는 회사들의 경영혁신 과정이 상세히 소개된다.

Part 4에선 기업의 지속적인 성장에 대해 알아본다. '대한민국 존경받는 기업' 프로젝트를 통해 지속성의 중요성을 살펴보며 사회적으로 존경받는 기업들의 부문별 특징을 짚어본다. 평가체계 및 조사분석 방법이 소개되며 평가 결과와 시사점도 제시된다.

CONTENTS
차례

P·A·R·T·1

성장과 혁신

혁신의 정의와 사회적 영향

혁신이란 무엇인가

"혁신은 기존의 자원(Resources)이 부(富)를 창출하도록 새로운 능력을 부여하는 활동이다." | 피터 드러커 |

"혁신은 가치를 찾는 방법에 대한 모색이다." | 조안 마그레타 |

"혁신은 발명(Invention)과 통찰력(Insight)의 교차점이다" | 샘 팔미사노 |

혁신은 새로운 기술이나 프로세스에 시장 또는 비즈니스에 대한 통찰력(market insight or business insight)을 불어넣는 것이다. 새로운 기술에 비즈니스적 착상을 결합, 보완하고 현실에 적용하여 당면한 이슈 및 문제를 해결함으로써 가치를 높여가는 것이다. 기술적인 개발에만 그치지 않고, 개발된 기술을 비즈니스 통찰력을 바탕으로 현실에 접목시키는 것이 핵심 개념이라고 할 수 있다.

기술에 뒤지면 '경쟁에서 뒤지는 회사'라는 인식은 이미 현대 사회 전반에 널리 퍼져 있다. '기술이 문화를 주도한다'는 현대의 문화적 강박관념을 반영하듯 '좋은' 회사들은 너나 할 것 없이 최첨단 기술을 먼저 개발, 적용하고 싶어한다. 하지만 연구개발 등을 통해 최신 기술로 무장한 회사들 모두가 훌륭한 회사로 평가되는 것은 아니다. 신기술이 변화의 중요한 동력이라는 점은 의심할 바 없다. 하지만 시장에 대한 이해를 기초로 올바른 전략을 세우는 통찰력, 계획실행의 일관성, 실행을 뒷받침할 문화 등이 없는 기술 개발은 기업이 진정으로 원하는 경쟁력 및 가치증대를 제공해 주지 못한다.

혁신을 이해할 때 중요한 점은 발명과 혁신을 혼동해서는 안 된다는 것이다. 발명은 혁신이 아니다. 아무리 훌륭한 발명도 그 자체로는 획기적인 변화를 이끌어내지 못한다. 오늘날 미국, 유럽, 일본에서 발명되는 건수가 해마다 100만 건에 이른다. 매시간 100개 정도의 새로운 발명이 이루어지는 셈이다. 그러나 대부분의 발명이 발명 그 자체로 끝나버리는 경우가 많다. 발명이나 기술 개발이 그 시대에 부합하는 일종의 통찰력(market insight)과 어우러지고 실제 세계에 반영되어, 사회적·문화적 전반에 걸친 획기적인 변화를 이끌어내야 비로소 혁신이 이뤄진다.

전기는 발명과 혁신의 차이점을 보여주는 좋은 사례다. 125년 전 토머스 에디슨이 설립한 회사는 미국 인디애나 주 와바쉬에 최초의 전기 가로등을 설치했다. 하지만 가로등의 근간이 되는 전구는 그보다 몇 년 전에 발명됐다. 전구를 통한 진정한 혁신은 그것이 전세계의 거리를 밝히고 모두가 전기 스위치를 켜고 끄는 것이 일상화되었을 때 비로소 이뤄졌다. 이는 전세계에 발명이 창출할 수 있는 가치가 무엇인지를 보여주었다. 이러한 혁신은 근무 시간 연장, 일자리 창출 등의 경제적인 부분뿐 아니라 문화, 사회 전반에 걸친 획기적인 삶의 변화를 가져왔다. 기술(전구 기술)과 비즈니스 통찰력(가로등)의 결합이 가치 있는 혁신을 만드는 것이다.

기술혁신(technology revolution)의 역사와 파동:
기술혁신 주기와 트렌드 이해에 기초한 혁신의 이해

혁신은 기술과 통찰력이 만나는 순간 일어난다. 비즈니스 통찰력을 이해하고 생성함에 있어서, 우리가 어떠한 기술혁신의 주기에 있으며, 그 기술혁신이 사회, 경제, 문화 전반에 어떤 영향을 미치는지 파악하는 것이 중요하다.

세계는 산업혁명, 증기기관과 철도, 전기와 철강, 석유와 자동차, 그리고 정보통신 기술 등 다섯 번 정도의 커다란 기술혁신을 경험해 왔다. 공통점은 초기 20~30년간 세상을 지배할 듯 엄청난 속도로 붐을 일으키다가, 반드시 붕괴를 통한 조정기를 거쳤다는 것이다. 그 이후 20~30년간 사회 전반에 걸친 광범위한 변화를 일으키는 확산(擴散)기를 갖는다.

우리가 살고 있는 정보통신기술 시대 역시 혁신의 발전 파동을 겪고 있다. 20세기 말에 닷컴(Dot.com) 기업들의 붕괴 등을 통한 조정기를

혁신		붕괴(Corruption)		확산기(Deployment)	
산업혁명기	1771	패닉 1797		■ 제조업 산업의 형성 ■ 무역 시장 혁명	1829
증기, 철도 시대	1829	패닉 1847		■ 공동 주식회사 대두 ■ 경제 규모 및 크기 확대	1873
철, 전기, 중공업 시대	1875	패닉 1893		■ 저축, 투자 은행의 분리 ■ FDIC, SEC	1920
석유, 자동차 & 대량생산 시대	1908	충돌 1929		■ 고속도로 건설 ■ IMF, World Bank, BIS	1974
정보통신기술 시대	1971	닷컴기업들의 붕괴		산업과 정부에 걸친 전세계적 조정	현재

출처: Technological Revolutions and Financial Capital: The Dynamics of Bubbles and Golden Ages, Carlota Perez, Edward Elgar Pub., 2003.

거쳐, 현재는 모든 기업, 정부, 사회가 인터넷과 통신기술을 근간으로 한 좀더 광범위하고 근본적인 변화가 주도되는 확산기에 있다. 이 다섯번째 기술혁신의 두 가지 특성은 첫째, 혁신에 필요한 정보통신기술이 누구에게나 광범위하게 열려 있다는 것이다. 둘째, 더 이상 지역적·시간적 제약이 없어 혁신이 글로벌하게 전개된다는 것이다.

영국의 유력 경제지 〈이코노미스트(The Economist)〉는 어떤 문명 사회든 그 사회의 가장 중요한 요소는 혁신이었다고 강조한다. 미국과 영국이 이룬 경제발전의 절반 이상이 혁신으로 이루어진 가치임을 고려하면 오늘날 세상을 움직이는 힘은 자본이나 노동이 아니라 혁신이다.

역사적으로 볼 때, 앞선 기술의 도입은 '게임의 룰'을 바꾸는 진정한 발전을 촉진하는 데 결정적인 역할을 했다. 또 기술과 비즈니스가 그 사회의 이슈에 대처할 때 의미 있는 혁신을 이룰 수 있었다. 그런 측면에서 카를로타 페레스(Carlota Perez)와 케임브리지 대학이 주관한 리서치는 흥미로운 견해를 제시한다. 역사를 통틀어, 앞선 기술이 출현할 때마다, 의미 있는 혁신은 단 한번도 순조롭게 진행된 적이 없다는 것이다. 의미 있는 혁신은 앞선 기술이 비즈니스와 사회가 당면한 가장 까다로운 이슈를 처리할 때에 비로소 일어난다.

페레스에 따르면, 1990년대 후반에 일어났던 닷컴 거품은 생산력과 경제적 성장을 미리 예고하는 것이었다. 인터넷, 전기와 같은 획기적 발전은 실제로 생산성 향상과 경제적 성장으로 연결되기까지 여러 해가 걸렸다. 설계자들과 엔지니어들이 생산의 모든 단계에 걸쳐 공장, 네트워크 장비와 같은 인프라를 재디자인하고 난 후, 많은 발전이 이루어진 것이다. 즉 비즈니스와 사회의 운영구조가 신기술이 가져오는 의미에 맞춰 재디자인되고 나서야 진정한 수확이 있었던 것이다. 기술 혁신의 파동 주기 또한 점점 짧아지고 있다. 이는 기술의 발전 속도뿐 아니라 경제와 사회 모든 부분에서 기술에 적응하는 속도 역시 빨라지고 있음을 의미한다.

우리가 현재 살고 있는 정보통신 시대에는 이러한 주기의 단축이 더욱 심화될 것으로 예상된다.

앞선 기술은 중요하다. 게임의 룰을 바꾸는 진정한 발전은 그러한 기술이 비즈니스와 사회가 당면하고 있는 가장 심오한 도전에 적용되었을 때에야 가능하다. 전세계가 인터넷으로 네트워크화되어 있는 오늘날에는, 구글과 같은 회사들이 제공하는 다양한 서비스를 이용한 새로운 혁신들이 거의 실시간으로 일어나고 있다. 앞으로는 IT기술과 통신기술을 결합, 사회·경제적인 여러 가지 현실 문제를 해결하기 위한 좀더 다양한 혁신 노력이 전개되어야 한다.

한국도 마찬가지다. 우리나라는 미국, 영국, 일본 등 선진국이 100년 내지 200년 걸려 이룬 1인당 국민소득 1만 달러 시대를 불과 30년 만에 이루었다. 그만큼 변화에 대한 적응력이 빨랐지만 10년째 그 선에서 제자리걸음하고 있다. 우리나라가 1인당 국민소득 2만 달러 국가가 되고 동북아 중심 국가로 부상하려면 다양한 혁신 노력이 펼쳐져야 한다.

우리나라는 이미 3,000만 명을 넘어선 인터넷 이용인구와 가구당 초고속망 설치율이 72%에 달할 만큼 앞선 정보통신 인프라를 갖추고 있다. 만약 우리나라가 이러한 IT기반 위에 혁신을 구현한다면 세계를 선도하는 튼튼한 정보통신 강국이 될 것이다.

글로벌, 디지털 추세가 가속되는 가운데 예측하기 어려운 비즈니스 환경에서 업계 또한 혁신에 힘쓰고 있다. 기업들은 고객의 기대에 부응하기 위해 새롭고 차별화된 방법을 모색하고 있다. 하지만 그들이 변화에 대응하려고만 한다면 언제까지나 변화를 주도하는 자들에게 끌려갈 수밖에 없을 것이다.

혁신은 그 자체가 영향력을 미치고 이끌어가는 최고의 방법이다. 혁신은 의제를 설정하는 것이다. 혁신적인 기업들은 시장의 필요에서 그들의 착상을 전개해 나간다. 그들은 핵심역량에 집중하며 가변적인 비용구조로 수익성을 높인다. 그리고 예상치 못한 대외 위협요인에도 탄력적으로 대처한다.

변화는 언제, 어디서나 있었다. 오늘날 그 변화의 속도가 점점 빨라지고 있다. 기존의 발상과 방법으로는 이 같은 변화에 능동적으로 대응할 수 없다. 혁신이 필요하다. 혁신은 변화를 능동적으로 대처하게 만드는 힘이자 더 나은 미래를 향한 희망이다.

CHAPTER **2**

성장과 경영혁신

기업은 혁신을 통해 성장한다

지금까지 혁신 전반에 대해 알아봤다. 이제 이 책의 주요 관심사인 '경영혁신'으로 범위를 좁혀보자. 경영혁신은 기업들이 경영환경의 변화에 대응, 목적을 달성하기 위해 기존의 일하는 방법이나 비즈니스 모델 등을 획기적으로 혁신하는 것을 말한다. 이 책은 경영혁신의 다양한 분야를 다루고 있다.

Chapter 1에서는 광의의 혁신, 즉 사회적 관점을 포괄하는 거시적인 측면에서의 혁신에 대해 논의했다. 지금부터는 이 책의 원래 의도에 맞게 경영혁신, 즉 비즈니스 환경 아래에서의 혁신에 대한 이야기로 주제를 좁히고자 한다.

지난 2004년, IBM 글로벌 비즈니스 서비스는 전세계 456명의 CEO

를 대상으로 향후 2~3년간 가장 중요하게 생각하는 경영 화두를 조사했는데, 대부분의 응답자가 '성장'을 우선으로 꼽았다. 2년 뒤인 2006년, IBM은 전세계 765명의 CEO를 대상으로 다시 조사를 실시했다. 이번에는 '혁신'이 글로벌 CEO들의 최대 관심사로 지목되었다. 이는 최근 기업경영의 최대 화두가 성장과 혁신임을 보여준다. 실제로 많은 기업들이 '혁신을 통한 성장'을 기업경영의 최우선 현안으로 삼고 있다.

혁신은 경쟁에 처한 모든 주체들의 영원한 화두다. 정부, 학계, 기업, 개인 모두에게 미래의 경쟁력을 위해 스스로 '혁신하는 역량'이 성공의 중요한 요소가 되고 있다. 전세계적으로 글로벌 기업의 CEO들도 혁신을 비즈니스의 핵심 요소로 꼽고 있다.

"갈수록 많은 CEO들이 혁신 의제(agenda)를 수용하고 있다."
ㅣIBM 샘 팔미사노 회장ㅣ

"혁신은 우리 비즈니스 성공의 핵심 원동력으로 계속 자리잡을 것이다."
ㅣ홈데포 톰 테일러 부회장ㅣ

"지속적인 혁신은 GE의 핵심 요소다." ㅣGE 제프리 이멜트 회장ㅣ

"최고의 혁신가는 상품개발에서부터 출시까지를 남들보다 6배나 더 성공적으로 이끈다. 그것을 위한 핵심 요소는 바로 혁신이다."
ㅣUGS 토니 어퓨소 회장 & CEOㅣ

"우리는 단품 경쟁이 아니라 혁신의 전선에서 전투를 수행하고 있다."
ㅣ소니 하워드 스트링거 회장ㅣ

"내가 이 자리에 부임한 후 한 것이라곤 '혁신'이라는 한 단어에 집중한 것뿐이다." ㅣ모토로라 애드 잰더 회장 & CEOㅣ

혁신이 과연 어떠한 역할을 하기에 탁월한 경영성과로 존경받고 있는 세계적인 CEO들이 앞다퉈 관심을 기울이는 것일까? 혁신이 왜 중요하며, 과연 비즈니스의 성공을 약속할 수 있는 것일까? 혁신을 성공적으로 이끌고자 한다면, 무엇을 어떻게 추진해야 하는가?

혁신이 매우 중요하다고 얘기되고 있지만 막상 실행하고자 할 때는 매우 어렵고, 어디서부터 어떻게 시작해야 할지 막막한 것이 현실이다. 기업의 경우 '혁신을 통한 성장'을 위해 어마어마한 노력과 비용을 투자하지만, 실패하는 경우가 다반사다. 그만큼 실현하기 힘들다는 뜻이다. 그러나 역으로 혁신에 성공했을 때에는 열매가 적지 않음을 의미하기도 한다. 그래서 많은 기업들이 다른 회사의 예를 참고하고 앞서 있는 조직을 벤치마킹하며 뭔가 의미 있는 나름대로의 틀과 방법을 가지길 원한다. Chatper 2에서는 글로벌 기업을 이끄는 CEO 인터뷰에서 파악된 혁신에 대한 전반적인 견해를 공유해 보고자 한다.

다시 부각되는 성장의 중요성과 경영혁신: 2004/2006 글로벌 CEO 스터디

기업은 혁신을 통해서 성장한다. 경영혁신에 대해 본격적으로 논의하기에 앞서 성장의 중요성에 대해 짚어보자.

'글로벌 CEO 스터디 2004(Global CEO Study 2004)'는 향후 2~3년 내 전세계 CEO들이 가장 중요하게 생각하는 경영상의 아젠다를 포괄적으로 평가한 것이다. 조사 결과 압도적으로 많은 CEO들이 매출 성장

(Growth)이 향후 몇 년 동안 가장 중요한 그들의 아젠다라고 대답했다. 이는 2004년 이전까지의 경향과 확연히 다른 결과였다. 2000년대 초기 시장 붕괴 이후 수년 간 비용감소와 위기관리에만 신경을 쓰던 기업들이 다시 기업의 성장에 관심을 돌리기 시작한 것이다. 이에 따라 차별화된 제품·서비스의 제공과 관련된 새로운 대안 및 기존 대안의 적절한 결합이 성장을 위한 CEO들의 새로운 과제로 부상했다.

그림 1의 서베이 결과가 말해 주듯이 한동안 원가 절감에 밀려 있던 매출성장이 이제 CEO들의 아젠다로 다시 대두되고 있다. 물론, 무한하고 근거 없는 성장에 관한 이야기는 분명히 아니다. 여기서 말하는 성장이란 더욱 통제되고 계획된 것으로, 지속적인 성장을 의미한다. CEO 스터디를 통해서 분명하게 드러난 한 가지 사실은 5명 중 4명의 CEO가 향후의 재무성과 향상을 위해 매출 증대가 중요하다고 믿고 있다는 점이다. 즉 많은 CEO들이 이제는 원가 절감에서 매출 성장으로 관심을 전환해야 할 시점이라고 인식한다는 것이다.

어떤 CEO는 "비용은 거의 완전히 통제되고 있으므로 우리는 이제 매출 성장에 초점을 맞추어야 한다"고 말했다. 다른 CEO는 "위기는 지나갔고 이제 비즈니스를 성장시켜야 하는 새로운 사이클에 접어들었다"고 강조했다. 이 같은 태도 변화는 조사 결과 전반에서 관찰되었다. "비용 절감과 자산 효율성 같은 다른 이슈는 '전 세대' 의 이야기며 이제 비즈니스를 키우는 일이 남아 있다"라는 언급도 있었다. 지난해 행해졌던 대규모 구조조정을 통해서 비용 통제와 자산효율성은 달성되었으며 비즈니스를 성장시키는 것이 앞으로의 프로그램이라는 것이다.

매출 증대가 가장 중요하긴 하지만, 비용 억제(원가 절감) 또한 그에

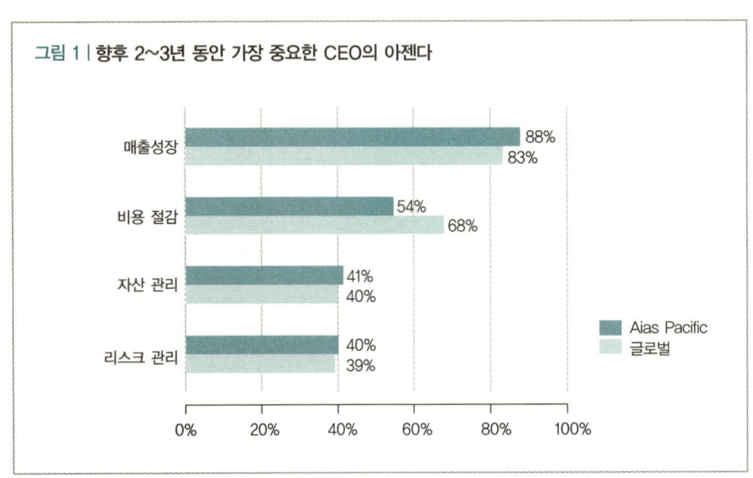

출처: The Global CEO Study 2004, IBM

필적할 만큼 중요하며, 리스크 관리도 계속해야 한다(그림 1 참조). 오늘날의 CEO들은 원가에 대한 철저한 통제를 유지함과 동시에 조직이 성장의 길로 가도록 이끌어야 하는 두 가지 과제를 안고 있다고 할 수 있다.

이 같은 성장 아젠다로의 회귀 배경에는 글로벌 경쟁과 변화하는 시장 니즈 및 지속되는 경제 불확실성이 자리잡고 있다. 이러한 것들이 CEO가 당면하고 있는 주요 시장요인들이다. 경기가 상승하기 시작하는 시점에서 기업의 전략 방향을 재검토해 보아야 한다. 성장을 위한 갈망은 전세계, 모든 산업 분야에서 일관되게 나타나고 있다. CEO들은 조심스럽지만 자신 있게 성장에 박차를 가하고 있으며 기업이 성장하고 확장할 수 있도록 조직의 역량을 높이고 있다. 물론 비용 절감에 대한 주의의 눈길도 결코 소홀하지 않는다. 다시 성장에 초점이 맞추어지면서, CEO들은 새롭고 차별화된 제품 및 서비스를 개발하고 제공

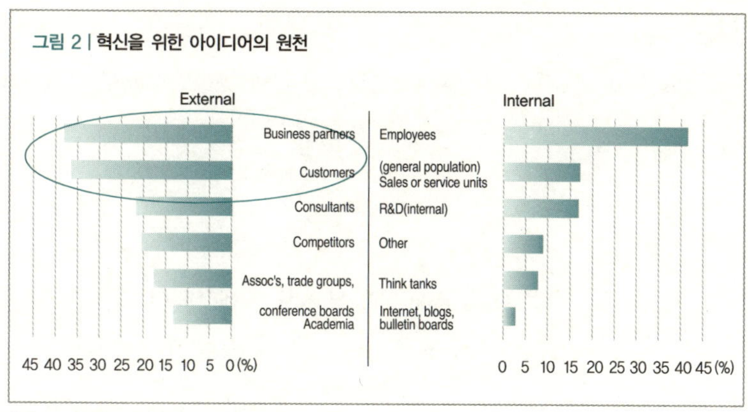

출처: The Global CEO Study 2006, IBM

하는 것이 기업의 성공을 좌우한다고 믿고 있다.

전세계 765명의 CEO를 대상으로 실시한 2006 글로벌 CEO 인터뷰에선 '혁신'이 CEO들의 최대 화두로 떠올랐다. 글로벌 CEO 3명 중 2명은 빠르면 2년 안에 조직 내의 근본적인 변화를 기대하는 것으로 나타났다. 놀랍게도 CEO들은 다가올 거대한 변화에 큰 위협을 느끼지 않았으며, 오히려 혁신을 통한 발전의 기회라고 보았다. 그리고 혁신을 위한 아이디어는 대부분 외부의 비즈니스 파트너나 고객에서 온다고 생각하는 등 외부 협력의 중요성을 강조했다.

2006년 CEO 스터디는 2004년에 주요 이슈가 되었던 '성장'이라는 최고의 우선순위는 유지하면서, 조직의 성장이라는 목표를 이루어내기 위한 'HOW(어떻게)' 관점에 초점을 두었다. 조직의 성장이 더디어지고, 경쟁사와의 차별화가 두드러지지 않은 상황에서 기업들은 '혁신'이야말로 미래 성장을 실현시켜 줄 최선의 방법이자 기회라고 인식하고 있었다. 성장을 이끌어내고 그 성장을 계속 유지시켜 나아갈 수 있는 역량이 경영혁신에서 온다는 것이다.

2006년 CEO 스터디를 통해 파악된 글로벌 CEO의 혁신과 관련한 강조점은 다음의 세 가지로 요약될 수 있다.

- 비즈니스 모델 혁신이 중요하다: 다른 유형에 비해 비즈니스 모델 혁신이 CEO들의 우선순위 목록에서 예상했던 것보다 훨씬 높은 위치를 점하고 있었다. 이는 경쟁에 대한 압박 때문인 것으로 분석된다. 그러나 비즈니스 모델 혁신이 중요하다고 해서 운영상의 혁신뿐 아니라 제품, 서비스 및 시장에 역점을 두어야 할 필요성이 없다는 것은 아니다.
- 외부 협력이 필요 불가결하다: CEO들은 특히 회사 외부와의 협력을 통한 혁신의 중요성을 매우 강조했다. 비즈니스 파트너들과 고객들은 혁신적인 아이디어를 얻기 위한 최우선 원천으로 손꼽혔다. 반면, 회사 내의 연구개발(R&D)은 순위가 훨씬 아래였다. CEO들은 자사 조직이 외부와 충분히 협력하고 있지 않다고 응답했다.
- 혁신은 위로부터의 조율을 필요로 한다: CEO들은 혁신을 촉진해야 할 우선적인 책임이 자신들에게 있다는 것을 인정했다. 그러나 이를 효과적으로 조율하기 위해 좀더 팀 위주의 환경을 조성하고, 혁신가들에게 보상하고, 또 비즈니스와 기술을 더욱 잘 통합해야 한다고 답했다.

이번 조사 결과를 보면, 전세계적으로 기업의 규모에 관계없이 모든 산업에 걸쳐 좀더 포괄적인 관점의 혁신이 끊임없이 추진되고 있음을 알 수 있다. 즉, 혁신을 추진함에 있어, 더욱 많은 외부의 참여와 CEO의 광범위한 역할이 요구될 뿐만 아니라, 여러 종류의 혁신이 더욱 다양하게 결합되고 있음도 알 수 있었다. 이 같은 CEO들의 전체적인 통찰력에 기초하여, 조직이 혁신의 아젠다를 더욱 명확하게 하는 데 도움이 되는 고려사항 몇 가지를 요약해 보면 다음과 같다.

- 폭넓게 생각하고 몸소 행동하며 혁신의 조합을 관리하라: 비즈니스 모델의 변화에 중점을 두고 혁신을 광범위하게 결합해 관리하라.
- 비즈니스 모델을 철저히 차별화하라: 현재 속해 있는 산업 또는 다른 산업에 가치를 부가하는 방법을 획기적으로 변화시킬 수 있는 방안에 대해 고민하라.
- 비즈니스와 기술의 통합을 통해 혁신에 불을 붙여라: 기술을 비즈니스 및 시장 통찰력과 결합해 혁신을 촉진하는 데 활용하라.
- 협력의 한계를 무시하라: 지리적 한계를 뛰어넘는 대규모의 협력을 통해, 무한한 가능성의 세계를 개척하라.
- '항상' 외부적인 관점에서 바라보게 하라: 조직이 외부와 좀더 자주 협력하도록 하고, 우선 이를 체계화한 다음 점차 조직문화의 일부로 만들어라.

경영혁신

경영혁신이란 무엇인가

경영혁신이란 기업들이 경영환경의 변화에 대응하여 기업경영의 목적을 달성하기 위해 기존의 일하는 방법과 비즈니스 모델 등을 획기적으로 혁신하는 것을 의미한다. 이는 제품과 서비스뿐 아니라 비즈니스 프로세스나 모델 등을 획기적으로 변화시킴으로써 기업경영을 본질적으로 변화시키는 데 목적이 있다. 마이클 포터에 따르면, 1990년대 들어 폭발적으로 전개된 경영혁신 운동은 1980년대 후반부터 시작된 미국의 일본 따라잡기 노력이 다양한 경영혁신 기법의 형태로 나타난 결과였다. 이로 인해 미국은 향후 10여 년간의 장기 성장의 원동력을 마련함과 동시에 세계 경제의 최강자로 복귀했다. 또 이에 자극받은 전 세계 기업들이 이를 적극적으로 벤치마킹하면서 경영혁신 운동이 기업의 중요한 화두로 자리잡았다.

본 장에서는 경영혁신의 의미에 대해서 살펴본다. 경영혁신이란 무엇이고, 어떻게 구분되어 있으며, 각 요소의 특징은 무엇인지 알아보자.

경영혁신의 방향 및 실행

경영혁신은 어떤 방향으로, 어떤 철학을 가지고 이루어져야 하는가? 단순하게 혁신적인 상품만을 만드는 것은 진정한 의미의 혁신이 아니다. 조직운용상의 프로세스뿐 아니라, 비즈니스 모델 전반에 걸친 혁신이 이루어져야 한다. 특정 목표를 달성하고 지속 가능한 차별화를 구축하기 위해 제품·서비스, 운영 및 비즈니스 모델 등 다른 유형들의 혁신을 통합하는 것이 절대적으로 필요하다. 혁신에 대응할 때 우리가 가져야 하는 관점을 간단하게 요약했다.

혁신은 성장을 이끌어낼 수 있는 최고의 방법이자 필수 조건이다. 더 많은 매출을 이끌어낼 수 있는, 새로운 기회와 시장은 어디에나 존재하며, 더 많은 수익을 올리기 위한 효율적이고 효과적인 방법과 수단들도 있을 것이다. 이처럼 새로운 기회, 시장, 그리고 방법 및 수단을 찾는 것이 기업들의 최대 혁신 과제다. 기업들은 이를 달성하기 위해 기술(Technology)을 바탕으로 한 경영혁신에 기업전략의 초점을 맞추어야 한다. 현재 보유하고 있는 기술이 어떠한 수준에 있으며, 오늘날 업계의 기술 트렌드가 무엇인지를 잘 알고 있는 게 중요하다.

발명 자체는 혁신을 이끌어내지 못한다. 발명이나 연구개발 자체만으로

도전	반응
혁신은 성장을 이끌어내기 위하여 필요하다	기술을 비즈니스 전략 공식의 핵심으로 한다
발명 자체는 혁신을 이끌어내지 못한다	혁신은 기술적인 노하우와 시장 통찰력이 교차하는 곳에서 일어난다
오늘날의 기술은 늘 변하고 발전한다	끊임없이 비즈니스 전략 프로세스를 모색한다

는 기업의 성장에 많은 영향을 주지 못한다. 발명 자체는 혁신의 절반만 차지한다. 발명된 기술과 해당 응용제품, 서비스가 적시적소에 적용돼야만 혁신을 이끌어낼 수 있다. 현재처럼 기술이 점점 발전해 우리 주변에 빠르게 스며드는 환경에서, 기업들은 좀더 혁신의 본질(비즈니스 통찰력과 기술적 노하우의 교차점)에 초점을 맞추어야 한다. 기업들은 시장에 민감해야 하며, 고객이 원하는 것이 무엇인지를 알아야 혁신에 대한 도전을 이겨낼 수 있다.

기술은 항상 변하고 발전한다. 기술 포트폴리오는 끊임없이 바뀌고, 새로 만들어진다. 이전의 기술을 잘 알지 못하고서는 새로운 기술을 이해하고 활용하기 어렵다. 기존의 비즈니스 모델이 변함에 따라 자칫하면 혁신 사이클을 놓치기 십상이다. 고객이 민감하게 반응하고 기술변화 주기가 점점 빨라지면서, 더욱 역동적이고 민감한 비즈니스 프로세스가 필요해졌다.

이제부터는 경영혁신의 일반적인 방향성에 대해 살펴보고자 한다. 경영혁신은 다음과 같이 크게 네 가지 방향성을 가지고 계획, 실행되어야 한다. 각각에 대해 간략히 설명해 보기로 한다.

혁신은 글로벌 관점에서 이루어져야 한다

혁신은 철저하게 글로벌한 관점에서 바라보아야 한다. 혁신은 글로벌한 환경 아래에서 진행된다. 사람, 아이디어, 시장 모두가 서로 네트워킹되어 있는 글로벌 마켓(Global Market)이 우리의 시장 환경이다. 글로벌한 환경과 관점에서 기업의 비즈니스가 구상되고 혁신이 이루어질 때, 기업의 경쟁력과 성장도 구현될 것이다. 글로벌 시장에서 통하는, 타사가 쉽게 모방할 수 없는 창의력과 핵심역량을 갖추는 노력이 절실하다. 개인의 경우에도, 글로벌 경쟁에 필요한 개인 역량을 갖추는 것이 꼭 필요하다. 누구나 할 수 있는 평범한 기능 위주의 역량에서 벗어나야 한다.

협업(Collaboration)을 통한 혁신이 이루어져야 한다

앞으로의 혁신은 이전과는 비교할 수 없이 빠른 속도로 진행될 것이다. 또한 분야에서 독자적으로 이루어지는 것이 아니라, 상호 협업에 의한 새로운 가치 창출을 시도하는 형태로 전개될 것이다. 〈뉴욕 타임스(The New York Times)〉의 칼럼니스트인 토머스 프리드먼은 오늘날의 세계를 '평평하다(The World is Flat)'고 표현한다. IT기술과 통신기술에 의해 하나로 연결된 세계에서는 시간과 지역에 상관없이 전세계 인력들이 일을 놓고 치열하게 경쟁하는 무한 경쟁의 시대로 접어들었다는 것이다. 따라서 세계의 모든 기업과 개인조차 글로벌 환경에서 이기기 위해서는 끊임없이 혁신하는 역량을 갖추어야 한다.

혁신은 고객으로부터 나와야 한다

고객이 원하는 것을 충족시키지 못하고 고객을 이해하지 못한다면, 혁신은 이루어질 수 없다. 경영혁신을 이룬 모든 사례를 살펴보면 고객에 대한 이해를 바탕으로 한 비즈니스 전략이 기술과 맞아떨어져 성공했음을 알 수 있다. 시장의 수요를 창출하는 것도 고객이고, 혁신을 이끌어가는 주체 또한 고객이기 때문이다. 그러므로 변화에 대응하는 혁신의 방향을 설정할 때 고객이 기본 밑바탕에 자리잡고 있어야 한다.

혁신은 전사적으로 이루어져야 한다(커뮤니케이션의 중요성)

혁신은 CEO 혼자만의 생각으로 이루어지는 것도 아니고, 사원 한 사람의 아이디어만으로도 이루어지기 어렵다. 또한 혁신적인 상품/서비스만으로도 진정한 혁신을 기대하기 어렵다. 혁신은 CEO부터 사원까지, 기획 프로세스에서부터 영업 프로세스까지, 회사 임직원부터 협업사의 임직원까지, 전사적으로 이루어져야 한다. 이를 위해서는 CEO가 혁신 리더십을 발휘해야 한다.

IBM의 글로벌 CEO 스터디 2006의 설문 조사에서도 대부분의 CEO가 혁신을 추진할 책임이 자신에게 있다고 대답했다. 리딩하고, 방향을 설정하고 혁신을 자극하는 문화적 토대를 구축하는 것 또한 CEO의 기본적인 임무라고 할 수 있다. 그러나 회사 전체에 혁신적인 문화를 조성하고 정착시키는 것은 쉬운 일이 아니다. CEO가 리더십을 발휘해 혁신적인 비전과 전략을 수립하면, 이것이 전사적으로 공유되어야 하고 혁신을 위한 분위기가 형성돼야 한다. 이러한 혁신문화 조성의 핵심은 비전과 목표의 공유(Vision & Goal Sharing)다. 이를 위해서 가장 중요한 것이 커뮤니케이션이다. 그러므로 혁신을 계획하고 실행함에 있어서, 조직 내 및 조직 간의 커뮤니케이션은 혁신의 진행과정상에서 그 단계에 따라 지속적으로 살펴보고, 또 관리해 나가는 것이 중요하다.

한국에서 이러한 혁신의 문화가 조성되었던 사례를 살펴보도록 하자. 사내에 6시그마를 정착시킨 대표적인 기업들로 삼성 SDI, LG전자, 삼성전자 등을 꼽을 수 있다. 이 회사들은 6시그마의 문제해결 방식과 통계를 이용한 분석방법만을 통해 조직의 성과를 높인 것이 아니다. 그보다는 6시그마에서 추구하는 혁신 및 개선의 철학과 그것에 사용하는 용어들이 공통의 언어로서 역할했다. 이것이 조직 구성원 간의 의사소통을 원활하게 함으로써 효율성을 높이는 효과가 나타난 것이다. 즉 6시그마에서 사용하는 방식으로 보고하고, 부서에 관계없이 Big Y, CTQ, COPQ와 같은 용어를 사용하는 등 6시그마가 문제해결의 단순한 도구가 아니라, 조직원이 하나가 되게 만드는 도구로 쓰인 것이다. 6시그마가 경영혁신의 방법론뿐 아니라 경영혁신 문화를 조성하는 방식으로 사용됐다는 뜻이다.

경영혁신의 유형

경영혁신은 기술 노하우와 비즈니스 통찰력의 결합이다. 이러한 경영혁신은 어떻게 이루어질 수 있는가? 경영혁신은 단순하게 상품과 서비스에서뿐 아니라 많은 영역에서 일어난다. IBM은 경영혁신에 대한 영역을 크게 세 가지로 구분하고 있으며, 각 영역별로 수년 동안의 프로젝트 경험과 노하우를 바탕으로 한 방법론들을 보유하고 있다. 세 가지 유형은 상품과 서비스에 혁신을 불어넣는 제품 및 서비스 혁신(Product/Service Innovation), 운영적인 측면에서 혁신을 불어넣는 프로세스 또는 운영혁신(Process/Operation Innovation: 프로세스 혁신의 약자로서 주로 PI라고 많이 불린다), 그리고 회사의 사업 모델에 혁신을 불어넣는 비즈니스 모델 혁신(Business Model Innovation)이다.

이 중 한국은 특히, 프로세스 혁신을 통한 운영 효율성 개선에 치중하고 있으며 실제로 많은 프로젝트가 수행돼 왔다. 이는 한국의 산업과 내수 시장의 특징에 기인한다. 새로운 제품을 출시하는 제품 및 서비스 혁신보다는 공정혁신이나 운영 프로세스 혁신 쪽이 주를 이루었기 때문이다. 그러나 운영 효율성을 개선하여 원가 경쟁력을 확보하고 생산성을 향상시키는 것에는 한계가 있다. 글로벌 경쟁, 기술의 발전, 그리고 중국의 노동력 등으로 가격이 계속 하락 추세에 있기 때문이다.

이번 IBM 글로벌 CEO 스터디 2006에서도 알 수 있듯이 CEO들은 근본적인 변화를 꾀하는 데 있어, 기존의 신제품 및 서비스 개발을 통한 혁신, 그리고 PI를 근간으로 하는 프로세스 혁신과 더불어, 변화의 중요 수단으로서 비즈니스 모델 혁신에 더욱더 초점을 맞추고 있다. 실제로, 비즈니스 모델 혁신에 주력하고 있는 3분의 2 정도의 CEO가 경쟁사의 비즈니스 모델 변화가 업계 전반에 큰 변화를 불러올 것이라고 우려했다.

지니 로메티(Ginni Rometty) IBM 글로벌 비즈니스 서비스 수석 부사장은 "오늘날 CEO들이 상당한 조직적 변화와 비즈니스 성장을 추구하기 위해 새로운 종류의 혁신을 필요로 하고 있다는 점은 매우 자명하다. 제품 자체의 혁신만으로는 충분치 않다. 실시간 리스크 관리, 의약품 공동 개발, 디지털 필름 공급 등과 같은 비즈니스 모델 및 경영방식을 혁신하는 방법을 이해하는 것이 중요하다"고 강조했다.

이에 대해 설문에 응한 한 CEO는 "우리가 선택한 비즈니스 모델이 전략의 성공과 실패를 결정짓게 될 것"이라고 말했으며, 또 다른 CEO는 "제품과 서비스는 다른 기업에서 복제 가능하지만, 비즈니스 모델은 차별화를 꾀할 수 있는 요소"라고 언급했다. IBM은 운영혁신 및 비즈니스 모델 혁신과 관련된 여러 방법론들을 보유하고 있으며, 실제로 우리나라에서 전사적으로 실행된 프로젝트 경험도 다수 있다. 이처럼 경영혁신과 관련된 프로젝트 구축 사례는 Chapter 6에서 구체적으로 소개하겠다.

이제부터는 세 가지 유형의 경영혁신에 대해 간략하게 살펴보기로 하자. Chapter 4에서는 세 가지 유형 중 비즈니스 모델 혁신에 대해서 집중적으로 고찰하고 글로벌 기업들의 사례를 알아본다. Chapter 5에서는 프로세스 혁신에 대해 집중적으로 살펴본다. Chapter 6에서는 IBM 글로벌 비즈니스 서비스가 국내에서 수행한 대표적인 사례들을 집중적으로 소개한다.

제품혁신/서비스 혁신

제품 및 서비스 혁신은 기능, 특징, 비용, 가용성 등에서 돋보이는 제품과 서비스를 개발해 적절한 시점과 장소에 출시하는 것이다. 제품 및 서비스 혁신의 범위는 시장 침투부터 지속적인 제품 개선, 채널 활성화(enablement)에 이르기까지 매우 다양하며 여전히 경영혁신의 기본 요소로 자리잡고 있다.

제품 및 서비스 영역은 고객의 입장에서 기존 제품에 한 가지 변화만 시도해도 혁신을 불러일으킬 수 있다. 코카콜라 사례가 대표적이다. 이 회사가 인도에 진출했을 때, 부진한 매출에 대응할 새로운 접근 방법이 필요했다. 기존 크기의 캔은 인도의 수백만 명 소비자들에게는 너무나도 비싼 가격이었다. 회사측은 가격을 내려 브랜드 가치를 반감

IBM, 소니 그리고 도시바의 셀 프로세서 혁신

소니가 새롭게 선보일 플레이스테이션3에서 엔진 역할을 하는 셀 프로세서는 소니, 도시바 및 IBM의 엔지니어들이 5년간 공동 작업을 통해 개발했다. 이 새로운 칩은 그래픽 어플리케이션에서 PC프로세서 성능의 50배까지 발휘할 수 있다. 이는 그리드 컴퓨팅을 염두에 두고 설계된 고유한 구조 덕분이다. 가정용품부터 슈퍼컴퓨터까지 온갖 장치가 네트워크를 통해 컴퓨팅 자원을 공유할 수 있는 것이 특징이다. 시뮬레이션, 실시간 처리 및 새로운 형태의 멀티유저 협업 분야에서 고유한 기능을 발휘할 것으로 예상되고 있다.

여러 분야의 혁신적인 어플리케이션에서도 활용될 것으로 기대되고 있다. 연구개발 분야에서는 항공기, 자동차 및 군용 시스템의 가상 프로토타입을 작성하고 테스트하는 데 쓰일 수 있다. 의료 분야에서는 의사들이 신체 내부에 대한 실사 영상을 보는 데 사용된다. 또 엔터테인먼트 분야에 적용되면 좋아하는 선수의 시각에서 관람하는 등 어떤 시각에서도 경기를 감상할 수 있다. 셀의 혁신성은 기술 자체에만 존재하지 않는다. IBM은 광범위한 셀 기술 규격을 소프트웨어 개발자, 비즈니스 파트너, 학교·연구 기관, 잠재 고객 등에게 공개해 앞으로 그 성능이 더욱 발전할 수 있는 기반을 마련해 놓았다.

시키려 하지 않았다. 대신 제품의 크기를 줄였다. 코카콜라는 더 작은 크기의 캔을 좀더 알맞은 가격에 판매하면서 혁신을 이뤄낸 것이다(출처: *McKinsey Innovation Blow-back in AP*).

서비스 회사들은 제조업체에 비해 제품의 범용화 측면에서 어려움을 겪고 있다. 따라서 차별화에 성공하기 위해서는 한 방에 모든 것을 해결할 수 있는 만병통치약 같은 솔루션을 추구해선 안 된다. 고객의 관점과 요구에 따른 맞춤화를 지향하면서 동시에 비용을 절감할 수 있는 전략을 짜야 서비스 혁신을 이루어낼 수 있다.

프로세스 혁신/운영혁신

모든 조직은 업무 프로세스의 집합이다. 제품개발 프로세스(Product Development Management), 물류 및 재고관리 프로세스(Supply Chain Management), 고객관계관리 프로세스(Customer Relationship Management), 그리고 재무·인사관리 프로세스(Financial Management and Human Resource Management) 등 기업의 모든 부분에 걸쳐 기업이 경쟁적 차별화를 할 수 있도록 혁신하는 것이 프로세스 혁신이다.

프로세스 혁신 개념은 국내 기업들에 널리 알려져 있다. 실제로 많은 국내 기업들이 매우 적극적으로 프로세스 혁신을 실행했고, 또 국내 기업들이 글로벌 경쟁력을 갖추는 데 큰 역할을 했다. Chatper 6에서 이에 대한 구체적인 방법론과 국내의 성공 사례들을 다루고 있다. 이 책의 장점 중 하나도 이러한 사례들에 있다고 볼 수 있다.

비즈니스 모델 혁신

혁신을 실현하는 새로운 도구와 기법이 기업의 업무 영역만 바꾸는 것은 아니다. 산업별 전문성, 업무 프로세스 전문성을 바탕으로 현재 비즈니스 상황을 다시 바라보고, 비즈니스 환경의 변화 및 발전에 따라 가치를 창출할 새로운 비즈니스 모델을 구상하는 것이 비즈니스 모델 혁신이다. 비즈니스 모델 혁신은 기업의 비즈니스는 물론 사회와 경제를 확장시킬 수 있다.

정보통신 등 새로운 기술의 비약적인 발전은 기업의 비즈니스 모델 혁신을 불러왔다. 기술이 빠르게 발전하는 환경에서는 더 이상 점진적이고 순차적인 개선을 통한 생존이 어렵다.

기업들은 경쟁력을 강화시키고 고객들에게 더 나은 제품과 서비스를 제공하기 위해 비즈니스 모델 혁신을 끊임없이 추구하고 있다.

IT 신기술혁명으로 새롭게 변화된 산업체계 하에서 대부분 회사들은 더욱 경쟁력 있는 비즈니스 모델을 만들어내고자 고민하고 있다. 과거에 성공했던 비즈니스 모델은 그 경제적인 효율성이 소멸되고 있다. 기존 모델은 기업 전반을 이끌 새롭고 혁신적인 모습으로 탈바꿈되어야 한다.

CHAPTER 4

전문화 기업모델 및 비즈니스 모델 혁신 사례

많은 글로벌 CEO들이 공감하듯이 향후 경영자들의 주요한 혁신과제는 '어떻게 하면 좀더 경쟁력 있는 비즈니스 모델을 창출할 것인가' 다. 이를 위해선 제품과 서비스를 제공하는 기본틀에 대한 근원적인 고찰이 필요하다. 시장을 선도하는 많은 기업들이 이 같은 근원적인 고찰을 통해 비즈니스 모델 혁신을 이뤄내고 있다.

일반적으로 비즈니스 모델은 다음과 같은 사항에 대한 고려를 포함한다. 즉 어떠한 고객을 대상으로, 어떠한 가치제안(Value Proposition)을 갖고, 무슨 제품과 서비스를 제공할 것인지, 또 그것을 위해 회사의 경계를 뛰어넘는 어떠한 가치창출 네트워크를 구성할 것인지, 우리에게 수익을 가져오는 구조는 어떻게 가져갈 것인지 등에 대한 고려다. 본 장에서는 기업의 혁신에서 중요하게 부각되는 비즈니스 모델 혁신에 대해 전문화 기업모델을 중심으로 살펴보고자 한다.

비즈니스 모델 혁신의 중심:
전문화 기업(Specialized Enterprise)

정보통신 기술의 발전, 글로벌화의 확산, 새로운 기술과 네트워크의 비약적인 발전과 확장 등으로 경영환경은 더욱 급변하고 있다. 이에 따라 경영자들의 관심은 좀더 경쟁력 있는 비즈니스 모델로 모아지고 있다. 기존 비즈니스 모델의 효율성과 효과성이 점차 떨어지고 있는 상황에서, 기업 전반을 이끌 새로운 비즈니스 모델을 통해 기업 경쟁력을 강화시키고 고객들에게 더 나은 제품과 서비스를 제공하려는 것이다.

전세계의 주요 CEO들 사이에서도 비즈니스 모델 혁신에 대한 중요성이 점점 부각되고 있다. 대부분 CEO들은 지금이 바로 비즈니스 모델 혁신에 역점을 두어야 할 시기라고 믿고 있다. IBM 글로벌 비즈니스 서비스가 진행한 2006년 글로벌 CEO 스터디에서도 CEO들은 혁신 노력의 30% 정도를 비즈니스 모델 혁신에 쏟고 있다고 했다. 재무분석 결과 높은 영업이익률 증가를 보인 회사들이 저조한 실적을 보인 회사들에 비해 비즈니스 모델 혁신을 두 배나 많이 강조하고 있다. 특히 프로세스 혁신 등을 통해 상당한 혁신을 이뤄내고 비용 절감을 달성한 회사들이 비즈니스 모델 혁신에 최대 역점을 두고 있다. 이들 기업은 이를 통해 이익을 극대화할 수 있다고 보고 있다.

전문화 기업모델(Specialized Enterprise) – 비즈니스 모델 혁신 중심으로!
기업들은 시장과 고객의 요구, 비즈니스 모델 혁신 요소에 부합하기 위해 점점 더 전문화(Specialization)되고 있다. 즉 핵심 차별화 요소에 집중하고 비핵심 업무는 전문 협력업체 네트워크에 의존해 핵심역량에 집중된 기업군으로 변하고 있다. 성공적인 미래 기업의 모습은 전문화된 기업(Specialized Enterprise)이다. 이전에는 기업들이 제조, 판매, 운영 등의 가치사슬을 스스로 소유했다. 이를 위하여 거대 물리적 자본에 기반을 두었으며 자산을 효율적으로 관리하려고 노력했다. 하지만 이제는 비핵심적인 영역은 아웃소싱해 소규모의 물리적 자본을 지닌 브랜드 파워 위주의 핵심역량을 소유한 기업으로 변모할 것이다.

전문화 기업모델의 등장

미래 기업들은 좀더 전문화될 전망이며 점점 핵심역량에 집중된 기업군으로 변하고 있다. '기업 입장에서 이를 어떻게 추진해 나갈까?'라는 고민이 비즈니스 모델 혁신의 핵심 이슈다.

이는 전통기업이 탈 자본화(Decapitalization)하는 추세와 더불어 이해될 수 있다. 산업혁명 이후 지금까지의 기업 비즈니스 모델은 물리적 자본에 크게 의존하는 피라미드 형태였다. 21세기 새로운 산업체계 하에서의 기업 비즈니스 모델은 이에 비해 다양성을 특징으로 삼고 있다. 브랜드 중심의 역삼각형 기업, 구매·설계 등만 전문으로 아웃소싱 서비스를 제공하는 기업, 다양한 e-비즈니스 기업 등이 폭발적으로 성장하고 있다.

전문화된 기업(Specialized Enterprise)이 새로운 비즈니스 모델 혁신의 중심으로 떠오르고 있다. 전문화된 기업에 대해 좀더 자세히 설명하기에 앞서 전통기업들이 전문화된 기업으로 변해가는 과정을 살펴보기로 하자. 기업의 자본을 물리적 자본, 운영자본, 인적자본, 브랜드자본 등으로 구분할 때 지금까지의 기업들은 거대한 물리적 자본에 바탕을 두어왔다. 물리적 자본이란 눈에 보이는 유형자산인 생산기지, 물류센터, 금융기관의 지점, 소매점포, 통신인프라 등 매우 다양하다. 기업들은 이런 물리적 자산을 효율적으로 관리하는 데 힘을 쏟았다.

그러나 인터넷으로 대표되는 e-비즈니스 시대에는 과거 피라미드 모양의 대규모 자본을 갖고 있는 기업만이 시장에서 우월한 성과를 내는 것이 아니라는 점이 입증되고 있다. 전통적인 비즈니스 모델에 기초한 기업도 다양한 혁신 활동(Operations Innovation)을 통해서 이전보다 훨씬 빠른 속도로 고객요구에 대응하고 있다. 하지만 새로운 형태의 기업들이 출현하면서 과거에는 생각하지 못했던 다양한 비즈니스 모델들이 성공적으로 운영되고 있다. 특히 역삼각형 기업, 즉 브랜드 소유 기업이 새로운 비즈니스 환경의 새로운 모델이 될 것이다.

그림 1에서 보는 것처럼 전통적인 제조기업들은 소비자가 필요로 하는 제품을 생산하기 위해 이전에는 조달에서 유통까지 전체 가치사슬을 스스로 소유해야만 했다. 하지만 이제는 가치사슬 전반에 걸쳐 비핵심적인 물리적 자본 활동을 아웃소싱할 수 있다. 소규모 물리적 자본을 지닌 브랜드 소유 기업으로 변모하는 것이다. 또 브랜드 소유 기업을 중심으로 외부의 아웃소싱 파트너들과 연결된 네트워크가 구성될 수 있는데, 이러한 네트워크는 브랜드 소유 기업에 수요사슬과 공급사슬은 물론이고 재무, 회계, 기술, 인적 자원 등과 같은 경영지원 서비스를 제공한다.

물리적 자본 비중이 줄어들고 아웃소싱이 늘어나는 것은 바로 운전

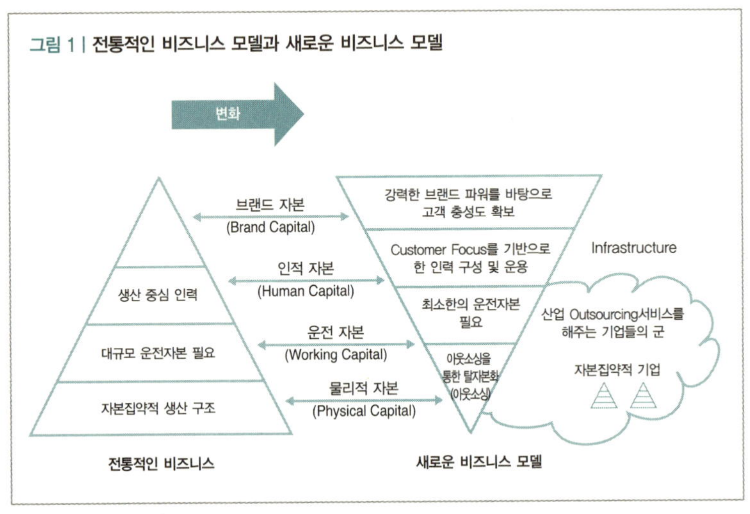

자본 비중을 낮추기 위한 노력의 일환이다. 브랜드 소유 기업은 자신의 고유한 설계 디자인과 브랜드만 소유할 뿐 부품생산, 최종 조립 등을 아웃소싱하며 거의 어떤 생산설비도 보유하지 않는다. 생산한다고 해도 매우 전문화된 조립을 하거나 아웃소싱 네트워크로부터 조달된 부품 및 시스템에 대한 단순 조립 차원에 머물고 있다. 생산 관련 프로세스를 네트워크를 통해 조달할 경우 생산에 사용된 막대한 양의 자본은 브랜드 개발, 고객관리, 공급사슬 관리 등 산업에서 선두를 차지하기 위한 노력에 투입된다.

전문화 기업모델

오늘날 경영자들은 글로벌화로 인한 가격경쟁 격화, 금융시장의 요구

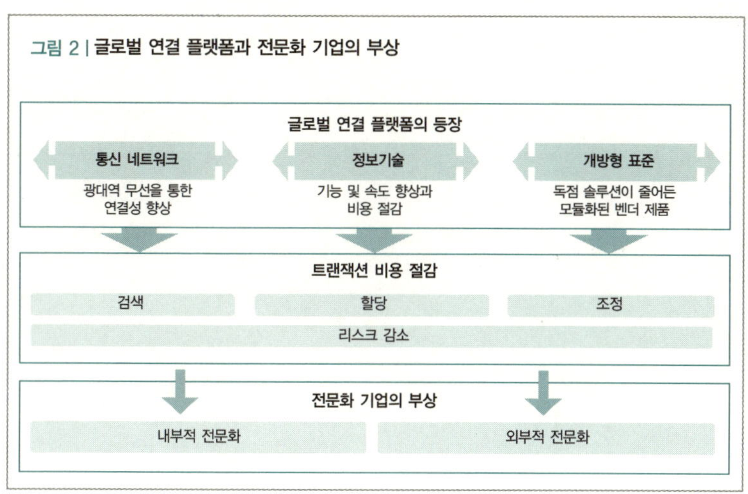

출처: IBM Institute for Business Value

확대, 정보통신기술의 급격한 발전 등 수많은 사안들을 안고 있다. 또한 핵심 분야의 부재, 경직된 비즈니스 구조, 조직의 복잡성은 기업들의 집중력을 떨어뜨리고 있다. 경영자들은 이 같은 상황을 극복하기 위해 좀더 우수한 비지니스 모델을 찾고 있다.

통신 네트워크와 정보기술의 발달로 이 같은 노력은 좀더 수월해지고 있다. 광대역 · 무선을 통한 연결성, IT기능 및 속도가 향상되고 있으며 비용 절감도 이뤄지고 있다. 이러한 글로벌 연결 플랫폼의 등장으로 비즈니스 활동의 상호 연결에 소요되는 업무 비용이 대폭 절감되었다. 기업이 저렴한 비용으로 더욱 쉽게 업무를 검색, 할당, 조정할 수 있게 된 것이다. 글로벌 기업들은 업무비용이 절감됨에 따라 비즈니스를 최적화하는 데 더 많은 힘을 쏟고 있다. 특히 비즈니스 활동의 내부적 전문화(Internal Specialization)와 외부적 전문화(External Specialization)를 모두 수용하는 작업에 역점을 두고 있다. 이른바 전문

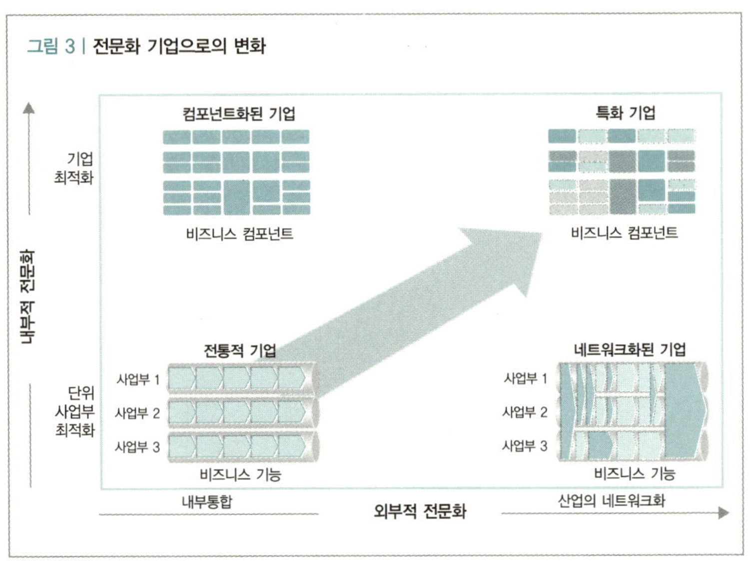

출처: IBM Institute for Business Value

화 기업모델을 도입한 것이다. 이 같은 방향 아래 내부적으로는 내부 전문가들이 중앙집중적 기능의 장점(규모의 경제, 개선을 위한 표준화)을 분산화의 장점(유연성, 책임성)과 결합하고 있다. 외부적으로는 외부 전문가의 효율성과 전문 지식의 이점을 누리면서 자신이 외부 전문가로 성장할 수 있는 분야에 역량을 집중하고 있다.

새로운 현실을 완전히 수용한 기업은 전문화 기업으로 탈바꿈한다. 2010년에 이르면 핵심역량에 집중하는 '전문화 기업'이 가장 성공적인 기업이 될 것이다. 전문화 기업은 내부적 전문화와 외부적 전문화의 교차점에서 탄생한다. 또 그림 3에서 볼 수 있듯이 기업 최적화와 산업 네트워크화의 단계를 거친다. 기업들은 내부적 전문화를 통해서 기업의 최적화를 이루고 컴포넌트(component)화된다. 컴포넌트화된 기업은 주요 업무 활동이 각 비즈니스 업무 영역으로 명확히 구분되고, 업무 활동의 중복이 최소화된다. 또 외부 협력업체를 통한 전문화를 통해 네트워크화된다. 네트워크화된 기업은 여러 외부 협력업체와의 제휴를 통해 비핵심 업무 영역은 외부에서 아웃소싱하고 핵심 업무 영역은 전문가들 위주의 핵심역량에 집중된 형태를 지닌다. 기업은 내부적 우수성(내부적 전문화)과 외부적 파트너십(외부적 전문화)을 통해 최고 수준의 성과를 달성하는 전문화 기업으로 성장한다.

내부적 전문화

기업의 내부적 전문화는 실타래처럼 엉킨 내부구조 세 가지 단계를 거쳐 최적화되는 과정이다. 1단계는 단위 사업부 최적화 단계로 한 기업 내에서 각각의 서로 다른 사업부가 업무 활동을 '소유'하고 운용한다. 각 단위 사업부는 최적화되지만, 사업부가 상호조정 또는 지식 공유 없이 동일한 활동을 수행하는 단점이 있다. 2단계는 프로세스 최적화 단계로 각 사업부의 표준화된 활동을 수행하는 프로세스 센터 내부에서 활동을 중앙 집중 관리하는 구조를 발전시키게 된다. 이 단계에서는 가치사슬의 다른 부분에서도 종종 가상으로 관리되는 중앙 집중화가 발생한다. 내부적 전문화의 최종 3단계는 기업 최적화 단계다. 이때는 주요 업무 활동이 개별적 비즈니스 영역(예, 컴포넌트)으로 집중된다. 업무 활동의 중복이 최소화되며 기업은 집중 실행센터들로 구성된 하나의 네트워크가 된다.

그렇다면 기업들이 이러한 내부적 전문화를 수용하고 있는가? 관련 연구에 따르면 비록 겉모양은 다르지만 많은 기업이 이를 수용하고 있

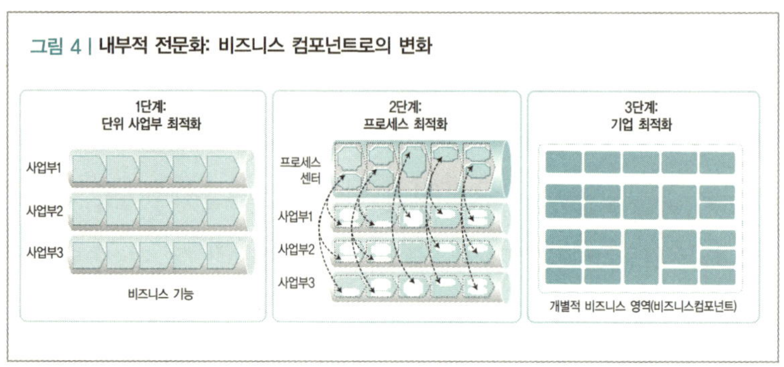

출처: IBM Institute for Business Value

는 것으로 나타났다. 예를 들어 수많은 기업이 공통 업무 활동을 공유 서비스 센터(Shared Service Center)에 중앙 집중시켜 내부적 전문화를 수용했다. 〈포천(Fortune)〉 선정 500대 기업의 95% 이상이 공유 서비스 전략(Shared service strategy)을 고려했으며 현재 86%가 공유 서비스 전략을 구현했거나 현재 구현 중이다. 특히 노동 집약적이거나 엄격한 표준을 요구하는 기업들 사이에서 이러한 내부적 전문화가 인기다. 향후 전문 기능의 자동화, 통합화, 표준화가 기업의 비용 부담을 덜어주고 비즈니스의 정보 집약적 부분이 기회 분야로 부상할 것으로 예상된다.

외부적 전문화

기업들은 3개의 순차적 단계를 통해 외부적 전문화로 발전한다. 1단계(Hardwired Connectivity)는 내부적 통합단계로 '내부적으로 통합된' 조직이 산업 전분야에 참여한다. 기업이 산업 가치사슬의 모든 기능을 통합하고 각 단위 사업부가 조직구조를 지배하는 모습을 지닌다. 2단계(Propriety Connectivity)는 전략적 제휴 단계로 기업이 산업 가치사슬

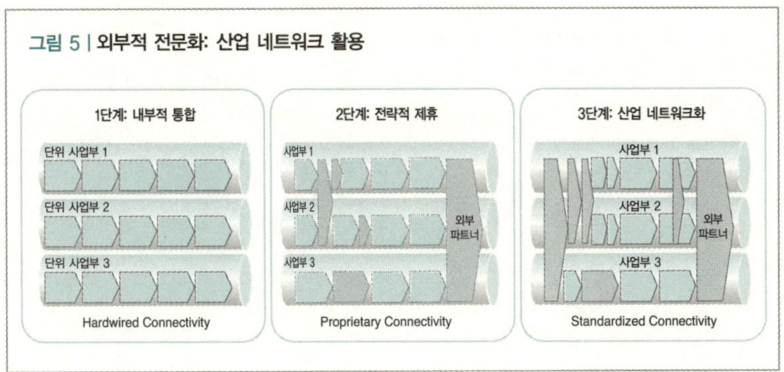

출처: IBM Institute for Business Value

에서 핵심 부분을 지원하는 일부 외부 공급업체와 긴밀히 협력한다. 오늘날 대부분의 기업은 선별된 협력업체를 취약 분야에 활용하는 '전략적 제휴' 단계로 발전했다. 마지막 단계(Standardized Connectivity)에서는 '산업 네트워크화'된 기업들이 좀더 큰 규모의 비즈니스 생태계에서 자신의 역할을 찾아내며 자신의 핵심 분야에 집중한다. 기업의 여러 외부 업체와 제휴하며, 산업 가치사슬이 대부분 해체되고 해당 업무의 전문가들이 이를 운영한다.

많은 기업들이 내부적으로 통합된 설계 단계를 지나 일부 선별된 협력업체와 함께 일하고 있다. '전략적 제휴' 기업들은 외부의 도움이 필요한 산업 가치사슬에서 핵심 기능을 파악한다. 해당 기업들은 여전히 독점 솔루션에 의존하고 있지만, 파트너십 분야에서는 개방형 표준을 수용해 사업 간 커뮤니케이션을 지원하고 있다. 전략적 제휴 단계에서 기업은 가치사슬 내부의 전문화 분야를 파악한다. 내부적으로 통합된 구조의 요소들이 계속 남아 있고 비핵심적인 활동들이 여전히 기업 내에서 수행된다.

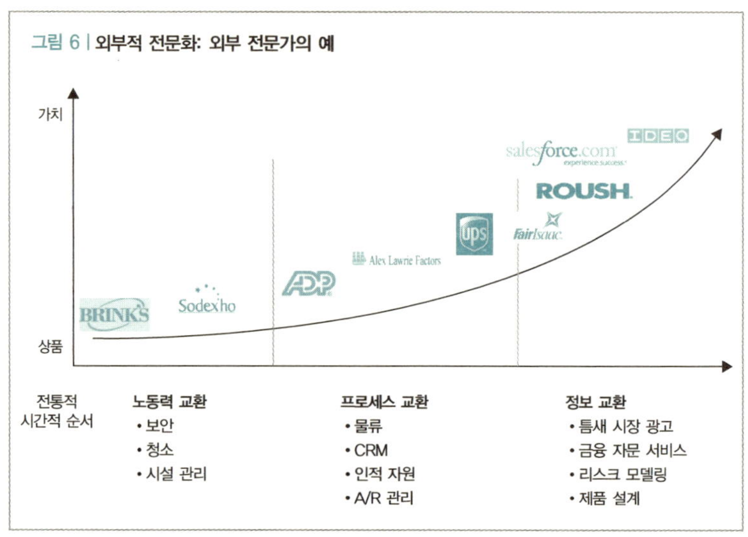

출처: IBM Institute for Business Value

외부적 전문화의 마지막 단계에서 기업은 글로벌 연결 플랫폼의 저렴한 거래비용을 활용해 여러 외부 전문가들과 연결된다. '산업 네트워크화' 된 기업은 전문 분야에 역량을 집중하는 한편, 자신의 조직을 변모시켜 조화로운 산업 생태계에서 활약한다. 협력업체 간 커뮤니케이션은 개방형 표준(XML, SOAP, Linux 등)과 비즈니스 프로토콜에 의존한다. 산업 네트워크화된 기업은 핵심 활동에 집중함과 동시에 특정 산업 전문가와 범산업 전문가를 모두 포함하는 가치 네트워크를 조정한다. 이들 최고 수준의 전문가는 자신의 특정 전문 분야에서 규모를 확대한다. 성장 주도형 기업이나 전문가들 사이에서 틈새를 파고드는 기업 또는 전문가들의 생태계와 가치사슬이 새로 등장한다.

산업계에서는 공통 기능의 표준화 덕분에 수직 시장을 지배하는 최고 수준의 전문가들이 등장하게 된다. 이 전문가들은 특정 산업의 특징인 비차별화(Undifferentiated) 기능에 대한 전문 지식으로 사업을 구축한다. 일부 산업 전문가들은 고객의 핵심 제품을 차별화하는 데 중추적인 역할을 하는 맞춤 솔루션을 제공한다. 그림 6에서 보듯이, 시간 흐름에 따라서 외부적 전문화의 영역이 기존의 노동력 교환에서 정보의 교환으로 이동하고 있음을 알 수 있다. 이러한 전문화를 통해 발생하는 상품과 기업의 가치는 이전보다 훨씬 커지고 있다.

전문화 기업의 당면 과제

오늘날 대부분의 기업에서는 비전략적인 영역이 기업 운영에 상당한 비중을 차지하고 있다. 현명한 기업이라면 향후 5년간 비전략적인 활동에 대해 더 많은 외부 인력을 활용함으로써 내부의 전략적인 영역에 집중할 것이다. 지원 역할의 많은 부분들이 내부 수행 방식에서 외부 전문가에게 아웃소싱되는 방식으로 옮겨갈 것이다.

전문화가 시장 전반에 자리잡으면 기업 구성이 변화를 겪게 될 것으로 보인다. 현재 내부에서 수행되는 많은 비차별적 업무 활동(Non-differentiating Activities)이 외부 전문가들에게 이양될 것이다. 그 결과 지원(Support)기능이 전천후(Utility)영역으로 이동하면서 지원 컴포넌트의 비율이 감소할 것이다. 또한 전천후 전문가의 역량이 완성되면 업무 활동이 차별화 파트너십에서 제약이 적은 상품 서비스 쪽으로 이동할 것이다.

비즈니스 우선순위의 이동은 주로 절대 우위(Absolute Advantage)의 중요성 증대에 있다. 전문화 기업의 세계에서 기업들은 각 비즈니스 영역의 성과를 평가해 자신의 우위, 즉 어느 분야에서 가장 많은 가치

BP

BP는 운영 또는 소유보다 결과에 집중하고 있다. 지난 10년간 인사 지원 업무를 아웃소싱했고 독점 아키텍처에서 상업 아키텍처로 전환했다. 데이터 센터, 응용프로그램, 네트워크 같은 비핵심 IT 분야는 외부에서 조달했다.

프록터 앤 갬블(P&G)

P&G는 사업의 거의 모든 분야에서 전문가에 의존하고 있다. 협력업체들이 IT 아키텍처, 인사, 물류, 시설들에 걸친 분야를 관리하고 있다. 심지어 P&G의 핵심 분야에 가까운 신제품 디자인에도 외부 전문가들이 참여하는 경우가 많다

아펙스 디지털

아펙스 디지털은 디자인을 구매하고, 저비용의 제조업체를 활용한다. 주요 소매점을 통해 판매를 하며, 광고는 판매업체에 맡긴다. 이 회사는 자신들의 전문 분야인 전자제품 공급망 관리에서만 성장을 추구한다. 그 외의 분야는 협력업체에 의존한다.

사라 리

사라 리는 사업 전반에 걸쳐 있는 제품 사업부를 제거한다는 목표를 갖고 있다. 이 목표를 달성하기 위해 고객정보, 소싱, 구매의 중앙집중식 관리를 시도하고 있다. 이 움직임에는 급여관리와 행정업무의 통합, 디자인 센터의 업그레이드까지 포함된다.

스프린트 PCS

스프린트 PCS는 통신 네트워크를 운영한다. 협력업체들은 고객 서비스, 대금 결제, IT 관리 같은 지원 업무를 제공한다. 이와 동시에 협력업체에 자사 네트워크를 사용할 수 있는 기회를 제공하기도 한다.

모토로라

모토로라는 무선 헤드셋 사업에 역량을 집중하기 위해 반도체 자회사를 분리시켰다. 무선 통신과 관계 없는 100개의 일자리를 없앴으며, R&D 투자의 일환으로 인도의 신흥기업들을 겨냥하기 시작했다.

출처: IBM Institute for Business Value

(품질 대비)를 창출할 수 있는지 판단해야 한다. 오늘날의 기업은 거래비용 절감으로 인해 절대 우위에 직접 기여하지 않는 영역을 외주작업(external specialties)으로 전환할 수 있게 되었다. 이제는 외부 전문가의 절대 우위를 활용하려는 다른 회사와 경쟁해야 한다. 외부적 전문화의 시대에는 절대 우위를 가진 공급자에게 가치가 발생한다. 외부적 전문가가 더 효과적·효율적으로 제공할 수 있는 동일한 기능을 내부적으로 개발하는 것은 차별화가 아니다.

선도 기업들이 어떤 방법을 사용해 전문화로 이동하는지 살펴보도록 하자.

다양한 이들 사례에는 공통점이 있다. 그것은 사업의 핵심을 정의하는 전략적 비즈니스 영역에 역량을 집중함으로써 전문화 기업으로 발전한다는 것이다. 각 기업이 자신의 강점에 주력하면 시장 전체가 혜택을 받는다. 시간이 흐를수록 전문화에 성공한 기업들은 자유롭게 결합한 산업 네트워크의 진정한 참여자가 되어 광범위한 소스에서 최고 수준의 역량을 조합할 수 있을 것이다.

비즈니스 모델 혁신 사례

프로그레시브(미국 손해보험 업계의 리더)

프로그레시브(Progressive)는 1937년 비즈니스를 시작하여, 지금은 1,200만 명 이상의 고객을 보유한 미국의 3대 자동차보험회사다. 개인 자동차보험, 자산과 관련된 보험 서비스를 제공하고 있으며 온라인과

텔레마케팅, 그리고 3만여 에이전트들을 통해 고객을 끌어들이고 있다. 프로그레시브는 회사 설립 이후부터 고객에게 새로운 서비스를 선보이는 혁신을 이뤄낸 보험업계의 대표적인 회사로 꼽힌다. 업계 최초로 무료 고객 콜센터를 구축했고 온라인 보험료 비교 서비스를 시작하는 등 최신 기술을 활용한 서비스를 제공해 왔다.

A. 프로그레시브의 위성추적 기술을 통한 즉각불만대응처리(Immediate Response Claim) 시스템

프로그레시브의 '즉각불만대응처리 시스템'은 1995년에 선보였다. 회사측이 이 시스템을 도입한 것은 숙련된 불만처리 전문가들이 고객이 원할 때 언제든 서비스를 제공할 수 있도록 하기 위해서다. 고객불만정보를 처리하는 즉각불만대응처리 차량(Immediate Response Vehicle: IRV)에는 위성추적 시스템, 컴퓨터, 그리고 인터넷 등 첨단 장비가 장착됐다. 이는 고객, 중앙 데이터베이스, 불만처리 전문가들의 원활한 정보 교류를 가능케 했다. 또 현장에서의 빠르고 정확한 결과 프로세스를 만들어낼 수 있었다. 이러한 혁신으로 불만처리 전문가들이 사고 현장에 도착하여 신속한 견적, 결산 등을 바로 처리할 수 있게 됐다. 즉각불만대응처리 시스템은 보험회사들이 고객에게 서비스를 제공하는 방법을 바꾸는 계기가 되었다.

B. 웹 기반의 일정/작업부하 관리 기술을 통한 고객 원스톱 불만처리 서비스 제공

프로그레시브는 2003년 원스톱 불만처리 서비스를 시작했으며, 지

금은 전국에 걸쳐 17개의 원스톱 불만처리 서비스센터를 보유하고 있다. 이 서비스는 고객에게 선택권을 부여한다는 점이 매력적인 측면으로 평가받는다. 고객은 차량수리를 스스로 알아서 처리하거나 프로그레시브의 전문가와 선택된 차량정비업소 관리자들이 대신 알아서 처리해 주는 서비스 중 고를 수 있다. 웹 기반의 일정/작업부하 관리 기술은, 고객이 인터넷으로 수리를 예약하고, 경과를 파악할 수 있도록 해주었다. 차량정비업소 또한 업무 및 스케줄 관리를 효율적으로 할 수 있도록 했다.

C. __프로그레시브의 오토그래프 기술을 통한 리스크 측정 및 보험료 산정__

오토그래프 기술은 고객이 언제, 어디서 얼마만큼의 운전을 하는지에 대한 데이터를 위성추적 시스템을 이용해 수집, 보관하는 데 사용된다. 회사는 고유의 리스크 관련 데이터와 오토그래프를 통해 얻은 데이터를 종합하여 정교하고 섬세한 보험료 산출 방법론을 확보하게 되었다. 오토그래프는 고객의 운전 패턴과 운전한 거리에 따라서 보험료를 산정한다. 이로 인해 고객은 더 많은 보험료를 절감하고 보험료에 대한 제어를 고객 스스로 할 수 있게 되었다. 실제로 이 시스템은 고객에게 평균 25% 이상의 보험료 인하 효과를 가져다 주었다.

결과적으로 업계 비교 결과, 다른 경쟁사는 현재 고객을 유지하기에 위해 애쓰고 있었던 반면 프로그레시브는 10년여에 걸쳐 시장점유율이 4.5% 올라갔다. 또 2003년에는 88%의 수익성장을 이루었다.

월마트(전세계 1위 할인점)

월마트(Wal Mart)는 1969년 설립되어 전세계에서 다양한 형태로 대형 소매점을 운영하는 회사다. 비즈니스는 크게 월마트스토어, 샘스클럽, 그리고 인터내셔널, 세 부분으로 구분되어 있다. 이 중 월마트스토어가 2004년 기준으로 매출의 68%를 차지한다. 월마트의 판매 전략은 언제나 저가의 다양한 상품을 제공하는 것이다.

A. 리테일 링크 기술(Retail Link Technology)

월마트는 1991년부터 리테일 링크시스템을 운영해 왔으며, 현재 전세계에서 가장 큰 판매ㆍ재고 데이터 시스템을 보유하고 있다. 리테일 링크는 판매상품 재고 부족을 방지하고자 판매와 재고에 대한 정보를 월마트와 공급업체에 실시간으로 제공한다. 1만 개가 넘는 공급업체는 리테일 링크를 통해 어느 상품의 재고가 어느 정도인지, 판매 패턴은 어떤지 등에 대한 모니터링이 가능해졌다. 리테일 링크는 월마트와 공급업체로 하여금 효율적인 재고관리를 가능하게 했을 뿐 아니라, 기획과 마케팅 등의 전략을 쉽게 세울 수 있도록 했다.

B. RFID를 이용한 기존 바코드와 보안태그 대체

월마트는 물류체계를 개선하고자 조그마한 안테나가 달린 RFID칩을 도입했다. RFID전용 리더기가 RFID칩이 장착된 물품 근처로 지나가면, 해당 고유 상품 데이터가 자동으로 재고관리 시스템에 전송된다. 월마트에서 사용한 RFID의 평균 인식 반경은 4.5m 정도였다. 이는 단기적으로는 원하는 상품을 적재적소에 배치하고 관리할 수 있도록 해주었으며, 장기적으로는 공급망 프로세스를 개선하고 관련 발생 비용도 줄일 수 있게 해주었다. 재고 부족량을 줄임으로써 실질적인 매출이 증대했다. 또 노동비용 및 효율성 증대로 운영비용도 줄일 수 있었다. 더 나아가 상품의 유효기간 관리 및 리콜에 대한 신속한 처리가 가능했다.

월마트의 기술 기반 비즈니스 전략은 창고관리 및 재고관리 시스템, 물류체계에 혁신을 일으켰으며 이는 꾸준한 매출과 수익 증대를 가져다 주었다. 월마트의 RFID기술이 기존의 상품 가용성 비율을 15% 높인다고 가정해도, 무려 30억 달러의 매출을 증대시키는 것으로 추산된다. 이는 월마트뿐 아니라, 공급업체 모두의 혜택으로 돌아간다.

페덱스(항공 운송)

페덱스(FedEx)는 1947년에 설립됐으며 운송, 전자상거래 등의 비즈니스 서비스들을 제공한다. 페덱스의 주요 계열사로는 페더럴 익스프레스 코퍼레이션, 페덱스 그라운드 패키지 시스템, 페덱스 프레이트 코퍼레이션, 그리고 2004년에 킹코 인수에 따른 페덱스 킹코스가 있다.

A. 무선기술 도입

페덱스가 업계 최초로 무선기술을 도입한 지 무려 20여 년이 지났다. 이 회사는 앞선 무선기술이 등장할 때마다 이를 도입하길 주저하지 않았다. 현재는 무선기술에 대한 상당한 노하우를 보유하고 있다. 페덱스는 택배 물품상의 바코드를 무선으로 스캔하여, 해당 데이터가 즉각

페덱스의 메인 프레임으로 전송될 수 있도록 했다. 픽업에서 배달까지 평균 12번의 스캔이 이루어지는데, 이는 고객들이 언제, 어디서, 그리고 어떤 기기들을 이용하건 간에 인터넷을 이용해서 상품배달이 어떻게 진행되고 있는지 알 수 있도록 해주었다.

B. 페덱스의 인사이트 포털을 통한 고객의 물품 추적 및 관리

인사이트(InSight) 포털 기술은 고객의 관점에서 개발된 시스템이다. 고객들은 인사이트 포털의 개인 홈페이지로 접속해서 자신이 보낸 물품, 또는 자신에게 오고 있는 물품 및 기타 요금 정보까지 자신과 관련된 모든 정보를 실시간으로 정확히 알 수 있다. 기존에는 고객과 관련된 운송 물품의 추적번호를 일일이 입력하여 확인해야 했다. 그러나 이제는 고객 고유의 페이지로 들어가서 모든 물품들을 한눈에 확인할 수 있게 되었다. 이는 물품과 관련된 계획, 재고와 관련된 비즈니스 운용, 공급체인 등에 이르기까지 모든 부분에서 고객에게 효율성을 제공했다. 또 고객이 비즈니스를 적시에 할 수 있도록 해주었다.

페덱스는 IT기술로 전략 및 비즈니스 방향을 이끄는 선도기업으로 알려져 있다. 이 회사는 고객의 관점에서 개발된 시스템이 혁신을 이뤄낸 대표적 사례로 손꼽힌다. 페덱스는 물품뿐 아니라, 물품과 관련된 모든 정보도 같이 배달한다.

성공적인 비즈니스 모델 혁신 기업들의 사례에서 볼 수 있듯이, 이들 기업은 공통적으로 기술(technology)을 비즈니스 전략의 핵심으로 삼고 있다. 앞선 기술을 도입해 이를 바탕으로 고객 관점에서 고객의 니

즈를 파악한 후, 적절한 시기에 적절한 방법으로 기술을 적용할 수 있었던 것이 성공요인으로 분석된다.

비즈니스 모델 혁신과 IBM

IBM은 1990년대에 겪었던 심각한 위기를 극복하고 비즈니스 모델 혁신을 통해 시장에서 주도적인 위치를 확보한 사례를 제시해 주고 있다. 루 거스너(Louis Gerstner) 전 회장이 취임할 당시 IBM은 시장에서의 지배적인 위치와 그 동안의 성공에 심취하여 급변하는 외부 상황에 대해 매우 둔감해진 상태였으며, 조직 내부의 여러 문제들로 골머리를 앓고 있었다. 시장에서 나타나는 기업성과도 본격적인 하향추세를 보이면서 이제 IBM의 시대는 끝났다는 이야기마저 회자되고 있는 상황이었다.

IBM의 혁신을 위한 노력은 이 때부터 본격적으로 시작되었다. 위기상황 타개책으로 새로운 리더십팀 창설 및 조직 인프라 정비가 추진되었으며 모든 정책은 지역과 기술 중심에서 고객과 시장 중심으로 개편하는 데에 초점이 맞춰졌다. 사업부별로 무질서하게 이루어져 통일성을 해쳤던 기존의 광고 및 홍보 활동이 본사 차원으로 통합되고 성과에 기반한 보상체계가 적극적으로 도입되는 등 IBM의 혁신 의지는 조직의 각 부문에 충실히 반영되어 나가기 시작했다. 위기를 극복해 나가는 과정 속에서 IBM은 사업전략을 서비스 중심, 소프트웨어 중심, 기술 판매 중심으로 전환하는 모험을 감행하는 등 중장기적인 전략설계도 게을리하지 않았고, 기존의 경직된 기업 문화의 문제점을 분석하고 승리, 실행, 팀을 중시하는 새로운 문화로 변화시켜 나가는 데 성공했다. IBM의 혁신을 위한 노력은 시장에 그대로 반영되어 2000년대 초반에는 괄목할 만한 성과개선을 이루었다.

거스너 회장의 뒤를 이어 2002년에 CEO로 취임한 새뮤얼 팔미사노(Samuel Palmisano) 회장은 하드 드라이브 스토리지, PC 사업부 등 수익성이 떨어지는 부문을 매각하고 프라이스워터하우스쿠퍼스(PwC)의 컨설팅 부문을 35억 달러에 인수하는 등 서비스 사업의 기반을 대폭 강화하는 전략을 추진했다. IBM은 현재 혁신(Innovation)을 기업의 핵심 가치로 내걸고 혁신에 대한 전략으로 '온 디맨드 비즈니스(On Demand Business)'를 내세우고 있는데, 여기에서의 '온 디맨드' 기업은 시장의 변화와 고객의 요구를 신속히 감지하고 반응할 수 있도록 고객을 향해 안테나를 켜둔(On) 기업을 말한다. 이러한 기업들은 비즈니스 프로세스가 기업 내부뿐 아니라 주요 고객, 공급업체 및 파트너사들과 유기적으로 통합되어 있다. 고객사들이 '온(On)' 기업으로 그들의 잠재력을 최대한 실현하면서 최고의 성과를 올릴 수 있다면 하드웨어, 소프트웨어, 기술, 서비스, 컨설팅을 포함해 어떠한 형태의 지원이라도 아끼지 않겠다는 것이 IBM에서 말하는 '온 디맨드 비즈니스'다.

IBM이 '온 디맨드 비즈니스'를 실현하기 위한 구체적인 방법은 세 가지로 요약될 수 있다. 첫번째는 비즈니스의 변화인데 세부적인 사항으로는 영업활동의 효율화, 서플라이 체인 통합, 인트라넷의 활용, 통합된 제품 개발 등이 있다. 두번째는 비즈니스의 바탕이 되는 IT 인프라, 데이터 및 어플리케이션을 구축하는 것인데, 회사의 IT 생산성은 직원 개인의 생산성과 직결되기 때문에 이 역시 매우 중요한 사항이다. 마지막으로는 기업 문화를 들 수 있는데, 상호 협업을 중시하는 문화야말로 기업에서 가장 중요한 가치이고 '온 디맨드'로의 변화를 실현하기 위한 핵심 요소라고 볼 수 있겠다.

최근 IBM은 특허와 소스를 공개하는 전략을 강화하고 있다. 이 역시 혁신이나 '온 디맨드'에 대한 IBM의 전략방향과 같은 맥락에서 이해될 수 있다. 글로벌 환경에서 하나의 기업이 단독으로 고객의 요구를 충족시킬 수 있는 시대는 이미 지나갔다. 기업 간·산업 간 협업을 하지 않고서는 '온 디맨드 비즈니스'를 실현할 수 없는 상황에 이르게 된 것이다. 기술과 정보를 공개하면 IBM 외부의 인력과 기술을 끌어들일 수 있어 고객이 원하는 바를 좀더 저렴한 비용으로 신속하게 충족시킬 수 있고, 궁극적으로 고객과 IBM 모두에게 이익이 된다는 것이 IBM의 생각이다. 결국 IBM의 오픈 소스 전략은 협력을 통해 기술혁신을 촉진하여 고객 만족을 실현하려는 '온 디맨드' 정신을 구현한 사례라고 할 수 있다.

IBM은 아웃소싱 사업에도 적극적으로 진출하고 있다. 기업이 정보 시스템을 구축하는 이유는 시스템 자체를 소유하는 것보다 이를 활용해 기업의 혁신을 도모하고 경쟁력을 제고하는 데 있다. 하지만 그 동안 기업의 정보 시스템 환경은 전적으로 '소유'하는 모델이었으며 대부분 정보 시스템 자원들은 통합되지 않아 운용비용이 많이 들고 관리가 복잡하다는 등의 문제를 안고 있는 것이 현실이다. IBM은 아웃소싱을 이러한 문제에 대한 최선의 해결책으로 규정하고, 많은 기업들이 아웃소싱 기업의 전문성과 비용 절감 효과를 최대한 활용한다면 '온 디맨드’ 기업으로의 혁신에 크게 보탬이 될 것으로 전망하고 있다. 이러한 아웃소싱 비즈니스 역시 ‘온 디맨드 비즈니스’, ‘혁신의 파트너’를 지향하는 IBM의 전략과 일맥상통한다고 볼 수 있겠다.

IBM은 고객의 혁신 파트너로서의 역량을 강화하기 위해 끊임없는 자기 혁신을 추구한다. 하드웨어, 소프트웨어, 서비스, 컨설팅 등의 다양한 분야에서 축적된 풍부한 경험과 세계 최다 특허보유 기업의 위상에 걸맞은 뛰어난 수준의 전문지식과 기술력을 최대한 활용하면서 자체 경쟁력 강화에도 박차를 가하고 있다. 최근에는 표준화를 위해 전통제품 관리방식을 서비스 부문에도 적용시킴으로써 컨설턴트들의 작업물 일부를 S/W로 변환하고 가공해서 타 프로젝트 수행시 효율성을 제고시킬 수 있는 방안을 추진하는 등 서비스 사업 재정비에도 많은 노력을 쏟고 있다. 또한 연간 5조 원 규모의 자금을 연구개발비와 경영 혁신 비용으로 투자하고 있다.

C H A P T E R 5

프로세스 혁신에 대한 일반적인 방법론 및 성공요인

운영혁신(프로세스 혁신)과 관련된 비즈니스 혁신의 기법 중 전세계적으로 성공적인 결과를 가져다 준 주요 방법론 가운데 BPR(Business Process Re-engineering)과 ERP(Enterprise Resource Planning), 그리고 PI(Process Innovation) 등이 있다. BPR은 1980년대에 운영비용 절감과 효율성에 대한 관심이 증가하면서 대두되었다. 전반적인 업무 프로세스 재설계를 통해서 비용 절감, 품질 및 서비스 개선 등 경영혁신의 기반을 제공하고 기업을 최적화하는 게 주요 이슈 및 목표다. 이러한 BPR은 개별 프로젝트에 대한 부분적이고 제한적인 접근과 실행으로 인해 전사 차원의 효과를 충분히 거두지 못했다. 뿐만 아니라 조직·계층 간, 기능·부문 간 통합성이 결여되고 프로세스, IT, 조직 간의 균형 있는 변화가 미흡해 큰 성공을 거두지 못했다.

운영혁신 운동은 1990년대에 본격적으로 전개되었다. 1980년대 후

BPR(1980년대)	– 프로세스의 재설계 통해 비용, 품질, 서비스, 속도 개선 – 경영혁신 운동의 기반 제공. 부문 최적화
ERP(1990년대)	– 베스트 프랙티스를 시스템을 통해 구현(그릇의 효과) – 전사 핵심 프로세스와 데이터의 통합(전사최적화) – 혁신의 대상과 내용이 훨씬 명료해짐
PI(2000년대)	– 프로세스와 전략/사람/조직/문화/IT 등을 연계한 통합된 접근법 – 내부 통합뿐 아니라 외부통합 실현 – 고객사/공급사 협업체계(Collaboration) 구축 – 프로세스 개선뿐 아니라 성과 개선에 목적

반부터 시작된 미국의 일본 따라잡기 노력이 다양한 비즈니스 혁신 기법의 형태로 나타난 결과였다. 1990년대는 ERP를 기반으로 전사 핵심 프로세스와 데이터를 통합하고 시스템을 통해 선진 사례를 구현, 혁신의 대상과 내용이 이전보다 훨씬 명료해졌다. 결과적으로 미국은 10여 년간 장기성장의 원동력을 마련함과 동시에 세계 경제의 최강자로 다시 복귀할 수 있었다. 이에 자극받은 전세계 기업들이 이를 적극적으로 벤치마킹하면서 운영혁신을 위주로 한 프로세스 효율화, 최적화 등이 기업의 중요한 화두로 자리잡았다. 이와 함께 프로세스뿐 아니라 전략·조직·IT 등과 연계한 통합된 접근법인 PI가 비즈니스 운영혁신의 주된 흐름으로 자리잡게 되었다. Chapter 5에서는 프로세스 혁신의 개념과 방법론에 대해 알아보도록 하자.

PI란

PI는 경영환경의 급격한 변화로 인해 기업의 현행 기반 구조인 조직–프로세스–시스템이 현재와 미래의 요구(Requirements)를 충족시키지 못하는 상황에 대응하기 위한 혁신 방법이다. 기업성과 향상(Business Performance Improvement)을 목적으로 기업의 일하는 방법을 근본적으로 변화시키는 게 목표다. 기업 내 프로세스·IT·조직·인력 등 모든 부분에 걸쳐 효과적·효율적 혁신을 통해 기업가치를 극대화하고 최적화하기 위한 방법인 것이다. 단순하게 업무 프로세스만 혁신시키기보다는 업무 프로세스에 중점을 두면서 전략, 정보와 기술, 사람 등을

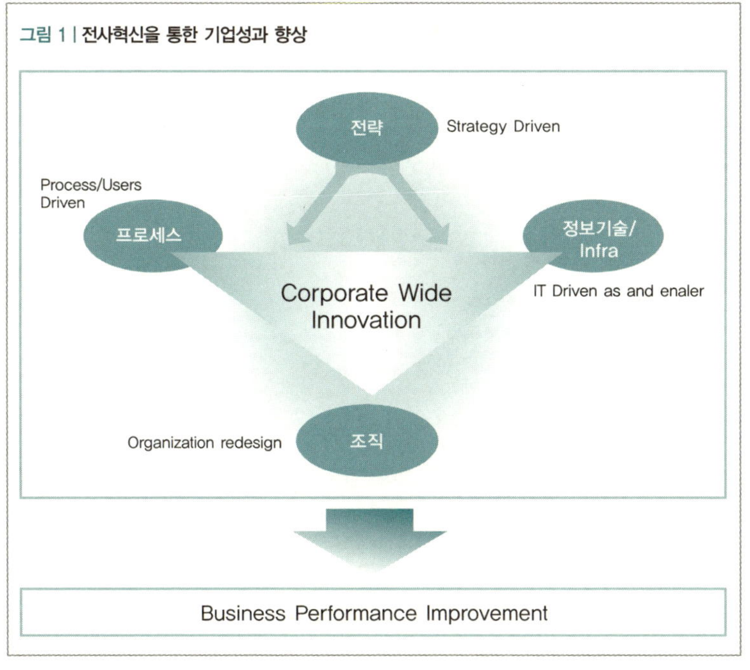

그림 1 | 전사혁신을 통한 기업성과 향상

모두 고려한다. 원점에서 출발해 모든 부문에 걸쳐서 비효율적이고 복잡한 조직, 업무관행, 제도를 근본적으로 혁신함으로써 고객 중심의 효율적이고 빠른 경영시스템을 이룩하려는 것이다.

PI의 주요 추진 목표는 다음과 같다.
– 회사의 비정형적인 업무 방식을 정형화/표준화
– 프로세스의 최적화 실현
– 전사통합 정보시스템을 글로벌 스탠더드에 맞게 재구축
– 조직원의 역량 극대화
– 투명하고 빠른 경영체계 구축

PI/BPR의 혁신 대상은 전사의 비즈니스 프로세스다. 시스템 구축을

표 2 | PI/BPR의 주요 특성

구분	PI/BPR
혁신 대상	• 전사의 비즈니스 프로세스
특징	• 시스템 구축 필요 • 내부 효율성에 초점 • 큰 틀의 변화/미세한 접근 • 원 타임 체인지(One Time Change)
분석 방법	• PI: 프로세스 맵을 통한 As-Is vs. To-Be 갭 분석 • BPR: 직무 분석을 통한 프로세스별 투입 FTE[1] 분석
추진 주체	• 추진 TFT 및 컨설턴트 중심
재무 효과 산정 방법	• 시스템 도입시 비용 대비 전사 차원에서의 효율 증대 부분에 국한된 산정

주: 1) FTE–Full Time Equivalent

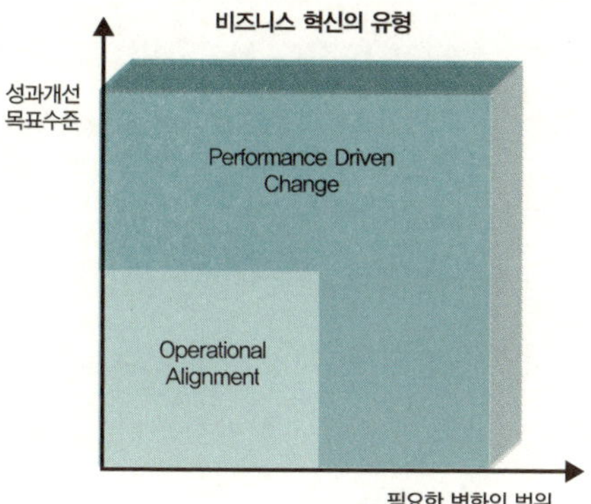

시스템 중심의 프로젝트 추진

- 프로세스 자동화, 시스템 기능 Upgrade 등 주로 시스템 측면의 혁신에 국한된 Operational Alignment 개념의 경영혁신
- 주로 새로운 환경이나 프로세스와 시스템 간의 정합성 확보/개선에 focus → 경영성과의 개선 정도 미미

PI 중심의 프로젝트 추진

- PI 전략과 연계하여 도전적인 성과 개선목표를 달성하기 위해 시스템을 비롯한 필요한 모든 Change Lever(프로세스, 조직, 제도 등)에 대한 통합적 혁신을 추구하는 Performance Driven Change(PDC)식 경영혁신
- Best Practice 수준 또는 그 이상의 성과 수준을 달성하기 위한 접근방식 → 혁신적인 경영성과 개선 지향

필요로 하고 내부적인 효율성 증대에 초점이 맞추어진 게 특징이다. BPR의 경우는 인력별 직무 분석을 통해 프로세스를 분석한다. 반면 PI 는 프로세스 맵을 통해 현재의 프로세스(As-Is Process)와 개선된 프로세스(To-Be Process)를 진단하고 서로의 차이를 분석한다. 또 BPR과 비교할 때 프로세스 개선뿐 아니라 성과 개선에도 목적을 둔다는 것이 특

징이다.

　프로세스 혁신은 전략과 연계된 실행 차원의 전사적 비즈니스 혁신 방법으로 프로세스, IT, 그리고 조직과 사람들의 통합적 접근방식을 통해 기업 전체 성과의 획기적인 개선을 목표로 한다. 이에 따라 프로세스 혁신은 IT시스템을 활용하는 방식에서 PI 중심의 프로젝트 추진 방식으로 변화했다. 시스템 중심의 프로젝트는 프로세스의 자동화 수준에 국한된 운영상 정렬 개념의 비즈니스 혁신으로 경영성과 개선 정도가 미미한 편이다. 그러나 PI 중심 프로젝트는 성과 개선 목표를 달성하기 위해 프로세스, 조직, 제도에 걸쳐 통합적 혁신을 추구하는 성과주도 변화(Performance Driven Change)식 경영혁신이다. 비즈니스 혁신의 유형을 살펴보면 성과 개선 목표 수준과 필요한 변화의 범위가 커질수록 기존의 운영상 정렬을 넘어선 성과 주도 변화식의 혁신을 필요로 한다는 것을 알 수 있다.

PI 추진 전략의 특징

PI 중심의 접근방법은 전사 전략 방향으로부터 도출된 혁신 과제 및 KPI(Key Performance Indicator: 핵심 성과 지표)목표를 중심으로 상위 수준의 통합 To-Be 모델을 구축하고 이를 바탕으로 상세 설계 및 시스템 구축을 수행하는 것이 특징이다.

　PI 중심의 프로젝트는, 시스템 중심 방식과는 달리 전사전략 방향으로부터 과제가 도출되고 이러한 과제를 중심으로 업무혁신이 추진되는 것이 특징이다. 또한 KPI 목표 달성 지향을 통한 성과 개선에 많은 목적을 두었다.

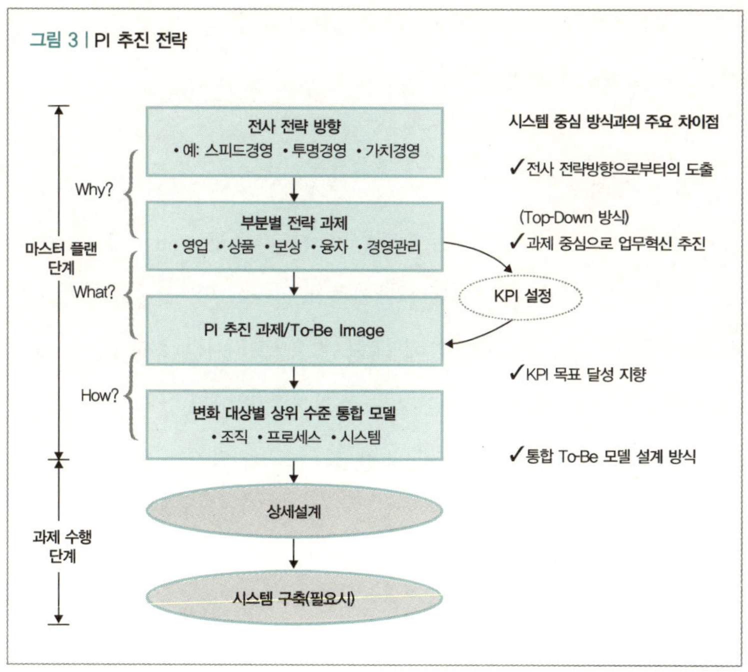

PI 성공요인(Critical Success Factors)

PI를 성공적으로 추진하고 있는 사례들을 분석한 결과 PI 추진의 성공요인은 크게 다음과 같이 도출됐다.

1) PDC(Performance Driven Change)

PI는 회사의 전략과 시장 위치, 그리고 조직에 대한 이해를 통해 전략체계를 작성함으로써 전략과 운영의 연계체계를 확립한다. 그리고 이를 바탕으로 조직, 전사 프로세스, 그리고 시스템의 변화된 모습을 정의한다. 이러한 전략과 연계된 통합적 변화를 추진하면서 KPI를 설정하고 그 결과를 측정해 지속적인 개선을 추구한다.

2) 전사 관점의 통합

전사 차원의 프로젝트는 프로그램관리 전담부서(Program Management Office: PMO)를 신설, 총괄적으로 관리하게 한다. 중앙 집중화된 프로그램은 목표와 비즈니스 임팩트에 대한 효율적인 커뮤니케이션을 가능케 한다. 또 프로그램의 기획조정을 통해 지속적이고 안정적인 솔루션이 구현될 수 있도록 한다. 이를 통해 전 조직에 걸쳐서 프로세스와 표준이 공통적으로 마련되고 가격, 시간 등으로부터 발생하는 리스크가 최소화되는 효과를 거둔다.

3) 프로세스 중심/현업 주도의 프로젝트

PI 목표 달성의 주체는 현업의 실무자들이다. 그러나 과거 프로젝트 경험에 비추어보면 개선된 프로세스(To-Be)의 상세설계 및 구현 작업에도 불구하고 변화의 수용 부족, 오너십 결여 등 현업 주도의 변화를 유도하지 못해 프로젝트가 실패하는 경우를 볼 수가 있다. PI 마스터 플랜의 성공은 결국 강력한 현업의 오너십을 통한 PI 주도 방식의 혁신이 제대로 이루어질 수 있는지 여부에 달려 있다. 이를 위해서는 현업 주도의 추진 조직이 구성되어 To-Be 모습을 실현해야 한다.

현업 분석을 통해 도출된 과제의 실행력을 향상시키고자 과제별 성과 목표를 설정하고, 추진 주체인 오너(Owner)를 선정해 해당 과제에 대한 목표 책임을 부여한다. 과제별 성과 목표는 달성하고자 하는 궁극적 목표를 지표 형태로 구체화, 수치화한 것이다. 이와 관련된 연도별 달성 목표를 설정하여 지속적인 개선이 이루어지는지 체계적으로 관리한다. 과제 오너 운영은, 중점 혁신과제, 실행과제별 오너를 선정함으로써 과제의 실행에 대한 권한과 책임을 부여한다. 과제 오너는 과제의 KPI 목표 달성에 대한 책임을 지며, 과제 실행에 필요한 달성 방안을 지속적으로 강구하게 된다.

4) 과제 중심의 To-Be 설계

전사적으로 변화하고자 하는 목표를 명확히 설정하고 전 부문에 걸친 혁신의 과제를 도출하고 이를 통하여 To-Be를 설계한다. 핵심 성공 요인(CSF)을 도출하고 개선기회 및 우선순위를 설정한 후에 중점 혁신과제를 끌어낸다. 이어 임원별 오너십을 부여한다. 단기 개선과제도 발굴해 구현하고 각 과제별 KPI 및 To-Be 목표를 설정해 전체적인 To-Be를 설계한다.

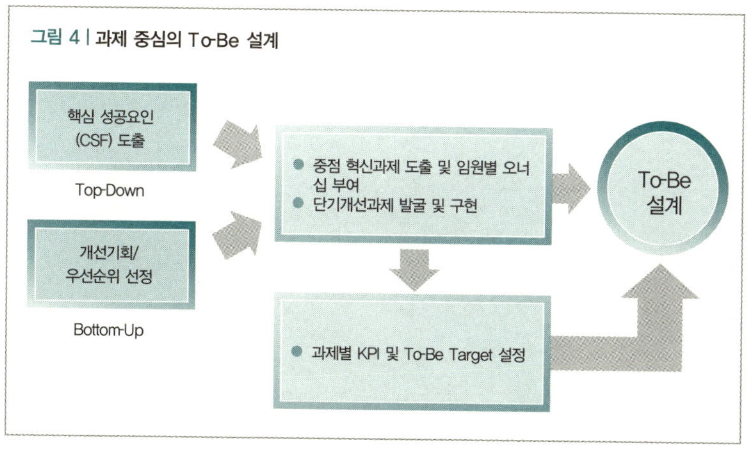

　이와 관련 현업 분석을 통해 도출된 개별과제 구현에 필요한 변화 요소를 To-Be 비즈니스 모델 설계시 적절히 반영함으로써 To-Be 모델과 과제의 구현 전략이 연계될 수 있도록 한다. 이는 개별 혁신과제 구현 효과를 극대화한다. PI 설계 단계에서는 분석을 통해 얻어진 혁신과제를 바탕으로 To-Be 비즈니스 모델을 설계한다. 비즈니스 모델 설계 시에는 과제 달성 방안에 의한 변화 요소를 반영한다. PI를 구현하는 단계에 있어서도 혁신과제와 To-Be 프로세스 구현의 긴밀한 협업체계가 유지되도록 한다.

5) 과제/프로세스별 명확한 목표 설정

To-Be 프로세스를 설계하며 프로세스 단위의 성과(Performance)를 측

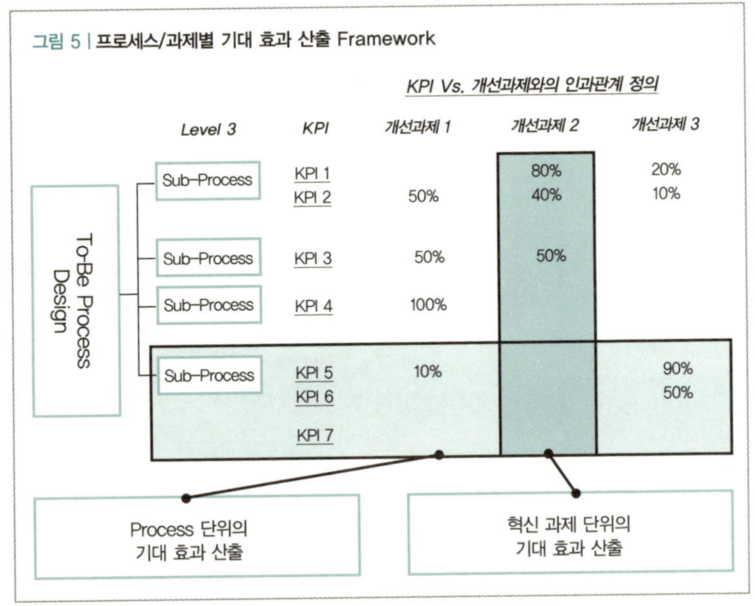

정, 평가할 수 있는 KPI체계를 갖춘다. 또 이 KPI와 혁신과제 간의 인과관계를 정의한다. KPI 단위의 재무적 효과를 측정함으로써 과제/프로세스 단위로 어느 정도의 효과를 얻을 수 있는지 측정한다. 프로세스별 주요 KPI 설계시에, As-Is KPI를 조사하고 선진 사례를 참고해 고객에 적합한 KPI를 선정한다.

6) 실행 중심의 변화관리

대규모의 변화를 성공적으로 실행하기 위해서는 조직의 모든 측면(전략, 조직, 프로세스 & 기술 측면)에 대한 고려가 필요하다.

- **전략 측면:** 고객의 니즈를 파악하고 변화 실행 단계에서 시장을 고려해야 한다. 또 변화로 인해 기업이 시장에 제공하는 제품 및 서비스에 미칠 영향을 감안해야 한다.
- **조직 측면:** 변화를 수행하기 위한 조직과 변화 이행 이후의 조직 구조에 대해 생각해야 한다. 현행 임직원의 역량을 파악하고 향후 변화에 따라 요구되는 기술 및 역량에 대해 검토한다.
- **프로세스 및 기술 측면:** 현행 업무처리 방식과 향후 효율화된 업무처리 방식에 대한 고려가 필요하다. 기술적(systems and technology)으로는 프로세스 지원에 요구되는 현행 정보기술과 향후 정보기술을 검토해야 한다.

P·A·R·T·3

국내외 경영혁신 사례

C·H·A·P·T·E·R·6

한국 IBM 글로벌 비즈니스 서비스가 실행한 국내 대표 경영혁신 사례들

오늘날 기업들은 과거 그 어느 때보다 극심한 시장, 경쟁환경의 변화를 겪고 있다. 이로 인해 고객(Customer), 혁신(Innovation), 세계화(Globalization), 핵심역량(Core competency)을 축으로 경영환경의 패러다임이 바뀌고 있다. 지난 1980년대 〈포천〉이 선정한 500대 기업 중 약 3분의 1 이상이 해체되거나 합병됐다. 우리나라의 경우도 기업의 평균 수명이 30년 정도에 불과하다고 한다. 이는 과거의 성공이 미래의 성공을 보장하지 않으며, 그만큼 환경이 빠르게 변화하고 있다는 것을 암시한다.

대부분의 기업들은 빠르게 변화하는 경영환경에 적응하기 위해 경영혁신을 위한 노력을 계속해 왔다. 그러나 개별 프로젝트에서 시작해 부분적이고 제한적인 접근과 실행에 그친 것이 대부분이다. 전사 차원의 효과를 충분히 거두지 못한 것은 어찌 보면 당연한 결과라고 할 수 있다. 이 같은 현상을 개선하기 위해선 전략, 업무 프로세스, 조직, IT

기반 측면에서의 총체적이고 근본적인 변화와 혁신의 도구로서 프로세스 혁신, 즉 PI(Process Innovation)가 반드시 필요하다.

프로세스 혁신을 통해 얻을 수 있는 가장 큰 효과는 모든 기업의 구조가 고객 중심으로 재편된다는 것이다. 또 기업 문화가 혁신인력을 지속적으로 양성하고 혁신을 생활화하는 형태로 변화돼 기업의 모든 자원을 핵심역량에 집중화할 수 있다는 것이다. 이러한 활동만으로도 기업의 주주가치를 향후 10년 내 30~70% 증대시킬 수 있다. 프로세스 혁신은 초기에 고객의 변화와 경쟁이 극심한 전자산업을 중심으로 활성화됐다. 그러나 현재는 제조업 전체, 금융, 조선, 건설, 해운 등 전 산업에 걸쳐 이뤄지고 있으며 공공 부문까지 확대되고 있다. 또 대기업은 물론 중견기업까지 확산되고 있는 추세다.

경영혁신 프로젝트를 통해서 훌륭한 성과를 얻고 있는 기업들을 살펴보면 다음의 네 가지 공통점이 있다.

첫째, 최고경영진(CEO)의 리더십이 강력하다. 경영혁신 프로젝트를 단순히 과제 중심으로 추진한다면 한 번의 캠페인으로 끝나기 쉽다. 하지만 기업 전체에 영향을 주기 위해서는 지속적이고 강력해야 한다. CEO 및 경영진의 리더십 아래에서 업무 사고방식, 문제해결 수단 등이 기업 전사전략과 연계될 때 경영혁신 프로젝트의 효과는 극대화된다. GE가 6시그마를 통해 세계적인 기업을 이룬 데는 잭 웰치라는 훌륭한 경영자가 있었다는 점을 간과해서는 안 된다. 우리나라에서 PI나 6시그마 등을 도입해 성공한 기업으로 꼽히는 포스코, 삼성 등을 봐도 잘 알 수 있다. 이들 기업은 톱(Top)의 헌신(Commitment) 아래에서 전사적 차원으로 톱-다운(Top-Down) 방식의 경영혁신을 수행하고 있다.

둘째, 장기 마스터플랜에 따라 전략적으로 접근한다. 과제 중심의 프로젝트 개선에 집중돼 있는 것이 아닌 경영혁신을 통해 무엇을 얻을 것인지를 명확하게 정의내리고 있다.

셋째, 지속적인 추진력을 보인다. 국내에서 경영혁신 프로젝트를 통해 성과를 이뤄낸 기업들 대부분은 혁신 경영이 기업의 체질에 맞게 정착될 때까지 꾸준히 추진했다는 공통점을 갖고 있다.

넷째, 회사의 경영시스템과의 연계가 필수적이다. 회사의 경영방침이나 목표와 연계된 과제를 선정, 혁신이 기업목표를 달성하는 중요 수단으로서 효과를 나타낼 수 있도록 해야 한다. 또한 기존에 추진하고 있는 경영혁신 운동과의 조화로운 추진도 중요하다.

한국 IBM 글로벌 비즈니스 서비스는 지금까지 국내의 대표적인 기업들과 프로세스 혁신과 6시그마를 포함한 수많은 경영혁신 프로젝트를 수행해 왔다. 포스코의 경우 최근 7년 간 기업 전 부문의 전략, 프로세스, 시스템 등에 이르는 총체적인 변화를 추진했으며, 지금도 끊임없이 경영혁신 변화 활동을 이어나가고 있다. 포스코는 과거 해외 선진기업들을 벤치마킹했지만, 이제는 역으로 해외 철강회사들이 포스코의 성공적인 경영혁신 사례를 배우러 오고 있다. 본 장에서는 포스코, 삼성전자 등 주요 기업들의 다양한 경영혁신 프로젝트(PI, 6시그마 등) 사례들을 살펴본다. 이를 통해 과연 이들 기업에서는 어떠한 요인들이 경영혁신 목표를 달성하게 했는지 알아본다.

포스코의 글로벌 선진 사례(Global Best Practice) 경영혁신:
프로세스 혁신과 6시그마

한 기업이 변화를 한다는 것은 결코 쉬운 일이 아니다. 그것도 순차적이고 부분적인 변화가 아니라 일시에 기업의 모든 부문에 대하여 전략, 조직, 프로세스, 시스템에 이르기까지 총체적인 변화를 추진한다는 것은 가히 혁명과도 같은 것이다. 최근 7년간 포스코는 PI와 6시그마라는 이름으로 이러한 경영혁신 변화 활동을 추진해 왔고 지금도 계속되고 있다. 이러한 경영혁신에 대한 끊임없는 변화 노력의 결과, 오늘날 모든 사람들이 포스코의 경영혁신 활동을 '글로벌 베스트 프랙티스'로 평가하는 데 부족함이 없도록 만들었다.

프로세스 혁신을 위한 노력 – 바꾸고, 버리고

포스코는 PI 마스터플랜을 통해 고객과 주주가치 극대화라는 비전을 수립하고, 이를 달성하기 위해 5대 메가 프로세스와 36대 중점 혁신과제를 도출했다. 36대 중점 혁신과제별로 성과지표를 관리하여 프로젝트를 통해 달성해야 할 목표를 보다 명확하게 했다. 그러나 각각의 성과지표는 단순히 업무 재설계, 새로운 정보시스템의 도입, 조직구조의 변경만을 통해 얻어질 수 있는 게 아니었다. 포스코가 기존에 갖고 있던 비효율적인 시각을 버리고 프로세스 목표를 달성하기 위해서는 조직, 프로세스, 시스템 등 바꿀 수 있는 모든 것을 바꾼다는 자세로 노력한 결과다.

　포스코가 PI를 통해 달성하게 된 변화된 모습, 혁신의 과정과 결과에 대해 몇몇 사례들을 중심으로 살펴보도록 하겠다.

주문납기 리드타임의 단축

일반적인 기업에서 PI의 성과 중 하나로 꼽는 것이 프로세스 리드타임(제품화까지의 소요 시간) 단축이다. 포스코가 달성한 대표적인 프로세스 혁신의 성과 중 하나도 주문납기의 단축이다. 주문납기 단축은 PI 마스터플랜 기간 동안 시행되었던 고객 인터뷰와 설문을 통해 도출된 과제였다. 당시 고객들의 의견은 30~40일에 이르는 주문납기를 대폭 단축시켜 달라고 요청했고, 좀더 정확한 납기 준수를 요구했다. 고객들은 장기간의 주문납기로 인해 30일치 이상의 재고를 관리해야만 했고 이에 따른 재고관리 비용을 부담해야 하는 상황이었다. 결국 이 재고관리 비용은 고객들의 원가요소로 반영되어 고객사의 경쟁력을 떨어뜨리는 결과를 낳았다. 포스코는 이와 같은 상황을 타개하기 위해 고객 관점의 프로세스 혁신을 주요 비전으로 제시하고 포스코와 고객사가 서로의 경쟁력을 확보할 수 있는 윈윈(win-win) 전략을 수립하게 되었다. 이를 달성하기 위해 주문납기 단축 목표를 혁신적으로 설정하게 되었다. 포스코는 PI를 통해 열연제품 기준으로 1999년 당시 30일이었던 주문납기를 PI 직후인 2001년 14일로 단축했다.

포스코의 주문납기는 사무 공기 3일, rank 공기(생산계획 준비 기간) 10일, 제작 공기 12일, 출하운송 공기 5일로 구성되어 있다. 이 중에서 랭크 공기는 제강공정의 생산 효율성을 극대화하기 위해 10일 단위로 주문을 받는 과정에서 발생한 일종의 시간장벽(time fence)이었다. 예를 들어 1일차에 주문을 접수한 고객 제품의 경우 다른 주문들이 접수 완료

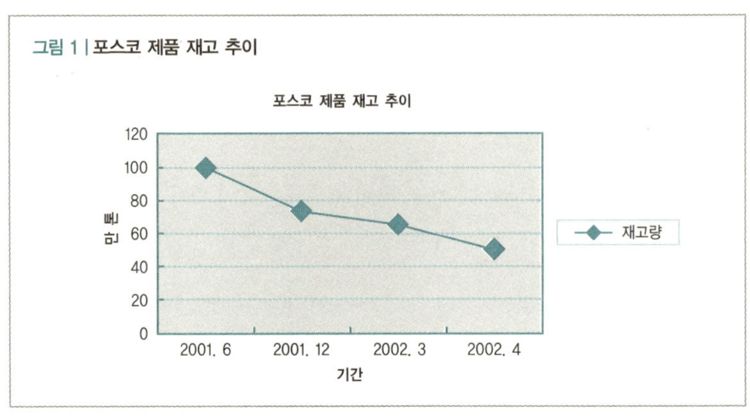

출처: 〈포스코 신문〉 405호, 2002년 4월 18일

되는 10일 이후에야 생산이 시작되는 상황인 것이다. 철광석을 녹이는 고로를 사용하는 설비집약적인 철강업의 특성상 생산 효율성이 중시된다. 그래서 랭크 공기는 필요악이라고 생각하는 사람들이 많았다.

그런데 포스코는 PI를 통해 랭크 공기 자체를 폐지하여 주문납기에서 10일을 단축하게 되었다. 이것이 가능하게 된 것은 회사의 모든 프로세스를 주 단위/일 단위 체제로 변경했기 때문이다. 생산 중심이 아닌 고객 중심에서 불필요한 업무절차를 버리고 새로운 시각에서 프로세스를 재설계했던 것이다.

주문납기 단축을 통해 얻게 된 실질적인 효과는 포스코 자체의 제품 재고가 줄어들어 재고 관리에 따른 인원과 장비를 감축하고 금융비용을 절감했다는 것이다. 한편으로는 고객사도 제품의 재고 일수를 30일 이상에서 24일 미만으로 감축할 수 있었다. 포스코의 PI 활동을 통해 고객사는 필요할 때 필요한 만큼 짧은 기간 내에 제품을 주문, 인도받을 수 있게 돼 재고와 금융비용을 줄일 수 있었다.

이상과 같이 살펴본 것처럼, 포스코는 마이클 해머가 얘기한 프로세스 혁신이 성공할 수 있는 네 가지 요소인 극적인 개선(30일→14일), 혁명적인 아이디어(일 단위 주문접수와 랭크 공기 폐지), 고객가치 중심의 프로세스(고객 인터뷰를 통한 과제 도출), 전사적인 재설계(프로세스, 조직, 시스템 재설계)를 모두 갖추고 있다. 이 사례는 프로세스 혁신을 추진할 때 중점을 두어야 할 가치가 무엇이며 어떤 접근방법으로 혁신을 이루어야 하는지 돌아보게 한다.

D+1일 결산

PI 1기의 추진 결과 경영재무 프로세스에서도 많은 변화가 일어났다. 그 중에서도 가장 상징적인 성과는 D+1일 결산이다. 급격히 변화하는 비즈니스 환경 속에서 의사결정을 위해 정확한 정보를 조금이라도 빨리 제공받는 것은 경쟁력의 커다란 원천이다.

IBM 글로벌 비즈니스 서비스가 2001년 세계 유수의 기업들을 대상으로 조사한 결과 월 결산에 걸리는 기간이 평균 9일로 나타났다. 포스코는 PI를 통해 놀랍게도 월 결산 기간을 1일로 단축했다.

이러한 성과는 회사의 실물 흐름과 일치되는 정보를 실시간으로 생성할 수 있도록 하는 실시간 결산체제에서 비롯되었다. 실시간 결산체제를 구현하기 위해 포스코는 판매/구매 등의 업무시스템과 회계시스템을 ERP를 통해 시스템적으로 통합 운영했다. 그리고 월 단위로 회계시스템에 연결되었던 조업실적, 판매실적, 원료 및 자재 입출고 실적 등을 실시간 또는 일 단위체제로 변경했다. 또 광양과 포항 등 4개의 회계단위별로 하던 결산을 본사 1개로 통합했다.

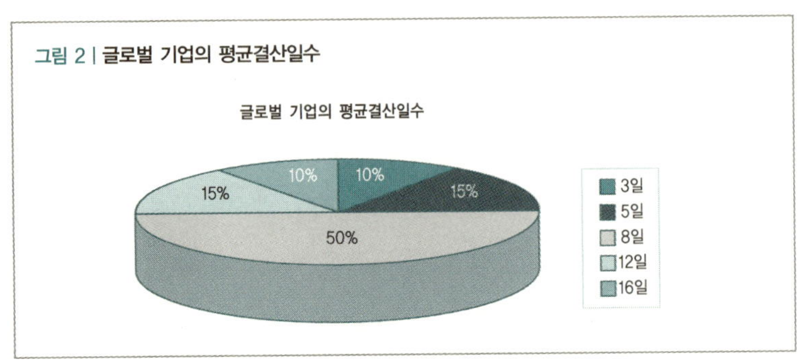

출처: 2001년 IBM 글로벌 비즈니스 서비스 FMBP(Financial Management Benchmarking Program) 조사자료

D+1일 결산체제는 시스템을 적용한다고 해서 얻어지는 것은 아니다. 시스템을 연결하여 모든 정보를 빠르게 생성할 수 있는 기반을 갖추고, 결산 프로세스를 1일 만에 할 수 있도록 프로세스를 변경함으로써, 월 결산을 하루 만에 할 수 있게 된 것이다.

'e-구매(e-Procurement)' 체제 구축을 통한 공정하고 열린 구매 실현

PI를 통한 구매 부문의 변화 방향은 크게 세 가지로 요약할 수 있다. 사용부서 중심의 구매 프로세스 혁신을 통한 업무 간소화, ERP 도입 및 물품 표준화를 통한 자동화된 거래처리 기반 구축, e-구매 시스템 구축으로 인한 공급사와의 온라인 거래처리 기반 구축 등이다.

사용부서 중심의 구매 프로세스 혁신은 공기업이던 포스코의 패러다임 자체를 변화시킨 대사건이었다. PI 이전의 모든 구매 프로세스는 결재라는 승인절차가 항상 수반되었으나, PI 이후에는 구매요청과 계약서에 대한 전자적 승인을 제외한 모든 결재업무가 없어졌다.

구매 부문의 혁신적인 변화는 앞서 설명한 혁신적인 프로세스의 변화에 체계적인 IT의 변화가 수반되었기 때문에 가능했다. 특히 ERP의 구축과 물품 표준화, e-구매 구축 등은 상호 긴밀히 연관되어 있다. 보통의 회사는 이러한 IT의 변화를 순차적으로 수행하게 마련이다. 하지만, 포스코의 경우 이들 세 가지 IT 요소가 동시에 변했기 때문에 오히려 효과적인 변화를 얻을 수 있었다고 평가된다.

PI 이전에는 광양과 포항, 양 제철소의 구매 시스템이 서로 달랐으며, 물품체계도 상이하여 다른 제철소에 얼마만큼의 동일물품에 대한 재고가 있는지 파악이 제대로 되지 않았었다. 따라서 ERP 도입과 물품 표준화는 이미 그 자체만으로 포스코에 재고 감축과 중복구매 방지라는 원가 절감 효과를 선사했다고 볼 수 있다. 하지만 포스코는 기존의 문제점 해결에만 변화를 국한하지 않았다. 'e-카탈로그(e-catalog)'에 의한 구매, 'e-소싱(e-Sourcing)'을 통한 글로벌 차원의 신규 공급사 확보 등을 통하여 e-비즈니스 시대에 맞는 완벽한 구매체제를 갖추게 된 것이다.

이러한 변화의 추구는 PI 이전 대비 지표상으로 엄청난 변화를 가져왔다. 구매행정 소요 일수는 PI 이전 평균 9일에서 2002년 8월 기준 평균 2.3일로 줄어들었다. 4분의 1 수준으로 단축된 것이다. 신규 도입된 'e-구매' 시스템을 통한 구매비율은 2002년 8월 현재 무려 98%에 달해 진정한 의미의 e-비즈니스를 실현했다. 또한 e-구매 체제는 오히려 공급사에 더욱 이익을 주는 결과를 낳고 있다. 포스코와 공급사 간 매년 4만 명의 인력 왕래가 사라졌으며, 연간 167만 건의 거래처리 문서를 온라인 거래로 처리함으로써 매년 54억 원의 문서비용을 절감하게 되었다. 이는 구매원가 절감이나 사용자 편의성 실현이라는 단기적이고 가시적 성과를 이루어냈다는 점에서 의미가 크다.

외부에서 바라본 PI에 대한 평가

지난 2001년 12월 전국경제인연합회는 지속적인 성장과 수익창출을 위한 경영화두로 'e-트랜스포메이션(e-Transformation)'을 제시했다. 그리고 e-트랜스포메이션에 성공한 대표적 기업 사례로 포스코 PI 활동을 선정했다. 국내 굴지의 기업 총수들이 모인 자리에서 포스코 PI는 다음과 같은 평가를 받았다.

"포스코는 1999년부터 불과 30개월이라는 짧은 기간 동안에 ERP, 데이터웨어하우스, EAI 등 7개 패키지와 64개 모듈을 적용하는 세계 최대 규모의 프로젝트를 성공적으로 수행한 것으로 평가되고 있다. 이로 인해 포스코의 데이터 처리 능력은 가전·자동차 등 다른 조립산업 평균치보다 최대 500배를 능가하며, 판매계획 수립시간, 주문 소요시간, 신제품 출시시간 등에서 경영의 효율성과 신속성이 상당 부분 수반된 것으로 평가된다(전경련 2001년 12월 - 포스코 PI에 대한 평가)."

이 같은 재계의 평가는 포스코의 성공적인 PI 추진에 대한 종합적인 평가라고 할 수 있다.

포스코 PI 활동은 국내뿐 아니라 해외에서도 많은 호평을 받고 있다. PI 1기 프로젝트가 완료된 직후인 2001년 8월경, 모건스탠리(Morgan Stanley) 등 주요 증권사들과 AMR리서치 등 세계적인 IT 조사 기관들이 포스코 PI의 의미 및 성과에 대해 취재했다. 〈월스트리트 저널(Wall Street Journal)〉, 〈비즈니스 위크(Business Week)〉와 같은 유력 경제 전문지와 〈컴퓨터 월드(Computer World)〉, 〈인포메이션 위크(Information Week)〉, 〈인포메이션 월드(Information World)〉 등 주요 IT전문지를 포함해 총 11개의 미국 현지 신문과 잡지들이 포스코 관계자와 인터뷰를 가졌다.

2002년 4월에는 미국의 경영전문지인 〈포브스(Forbes)〉로부터 세계에서 가장 효율적인 철강회사라는 평가를 받으며 '세계 최고 400대 기업'에 선정되기도 했다.

홍콩의 모건스탠리 아시아 · 태평양 본부는 최근 '두 세상에서 최고(Best of Both Worlds)'라는 제목으로 포스코에 대한 기업분석 보고서를 펴냈다. 보고서에서 "포스코는 불황과 호황을 넘나들며 높은 경쟁력을 유지하고 있다. 공격과 방어 '양수겹장'의 이익을 줄 수 있는 주식이다"라고 평가했다. 이런 혁신 노력을 높이 평가한 모건스탠리 증권은 포스코의 목표가격을 상향하고, 투자의견으로 비중 확대를 제시했다. 모건스탠리는 분석을 통해 포스코의 2002년 주당순이익을 8.3%, 2003년 3.3%로 상향 조정했고, 주당 목표가격은 주가수익비율(2003년 순익 기준)을 열 배로 잡아 17만 8,000원으로 제시했다.

누구보다도 포스코 PI 프로젝트에 관심을 보이는 것은 세계 철강업체들이다. 일본의 신일본제철을 비롯해 중국의 보산강철, 프랑스 유지노제철소, 미국 US스틸, 러시아의 제철소 등 세계 철강업계에서 선두 그룹을 형성하고 있는 회사들도 포스코를 방문해 이번 프로젝트를 벤치마킹할 수 있는 기회를 달라고 요청했다. 포스코가 PI를 시작한 1999년 이래 지금까지 국내외 100개 이상의 기업이 포스코를 방문하여 PI 과정에 대한 벤치마킹을 하고 돌아갔다.

이처럼 많은 해외 언론과 기업들이 포스코에 관심을 기울이고 있는 것은 세계 철강업계를 통틀어 ERP를 구축한 사례가 거의 없기 때문이다. 뿐만 아니라, 실패 위험을 무릎 쓰고 전사에 걸쳐 업무시스템을 일시에 완전히 개편하는 빅뱅 방식을 채택했다는 점이 세계 철강업계에 충격적인 사건으로 받아들여진 데 따른 것이다.

수치로 나타난 PI 효과

PI의 효과는 포스코 전반에 걸쳐 아주 다양하게 나타나고 있다. 고객 중심의 사고가 직원들에게 각인되었고, 능동적으로 변화에 대처해 나갈 수 있는 기업 문화가 형성됐다. 직원들의 역량도 배가되었다. 무엇보다도 여러 재무적 지표들이 PI 성과를 잘 말해 준다.

먼저 철강업계의 선진 기업들과 당기 순이익률을 비교해 보면 PI가 시작되기 전인 1997년과 1기 PI를 달성한 2001년 이후의 성과에서 큰 차이를 확인할 수 있다. 1997년에 모두 당기 순이익을 기록하고 있던 5개 기업 중에서 2001년도까지 지속적으로 당기 순이익이 발생하고 있

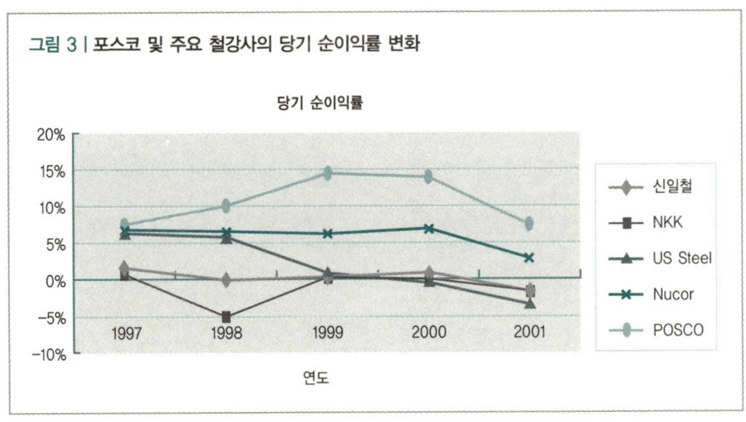

그림 3 | 포스코 및 주요 철강사의 당기 순이익률 변화

평가 항목	포스코	Nucor	Bao	CSC	CSN	신일철	Acelor
노동생산성	10	10	5	8	6	10	8
입지조건	10	4	6	10	6	6	7
조업원가	9	8	9	8	10	6	6
내수성장성	6	3	10	5	7	2	3
Legacy Cost	7	10	9	6	8	4	6
재무건실도	8	10	6	8	5	3	5
M&A 및 제휴	3	10	7	4	7	8	10
가중평균 점수	7.44	7.19	6.3	6.21	6.05	5.29	5.26

자료원: WSD 2002. 6. 19

는 회사는 포스코와 Nucor 두 곳에 불과하다. 2001년 철강 경기의 불황으로 포스코의 당기 순이익도 줄기는 했지만 경쟁업체들이 당기 순손실을 내고 있는 것과 비교해 포스코는 견실한 경영 성과를 이루었다고 할 수 있다.

이러한 경영 성과의 근간에는 포스코의 경쟁력이 자리잡고 있다. 최근 제17회 철강성공 전략회의에서 발표된 세계 13개 철강사에 대한 경쟁요소 평가에서 포스코는 1위를 차지했다(표 1 참조).

이 중 노동생산성, 조업원가, 재무건실도 등의 항목에서 우수한 평가를 받은 데에는 PI가 큰 역할을 했을 것이라고 판단된다.

IBM 글로벌 비즈니스 서비스에서 2002년 1월에 포스코의 PI 기대효과를 메가 프로세스별로 계산한 결과는 그림 4와 같다.

5개의 메가 프로세스에서 5조 원의 재무적 기대효과, 2,000억 원의 무형효과 등 총 5조 2,000억 원이 PI로 인한 포스코의 기업가치 증대

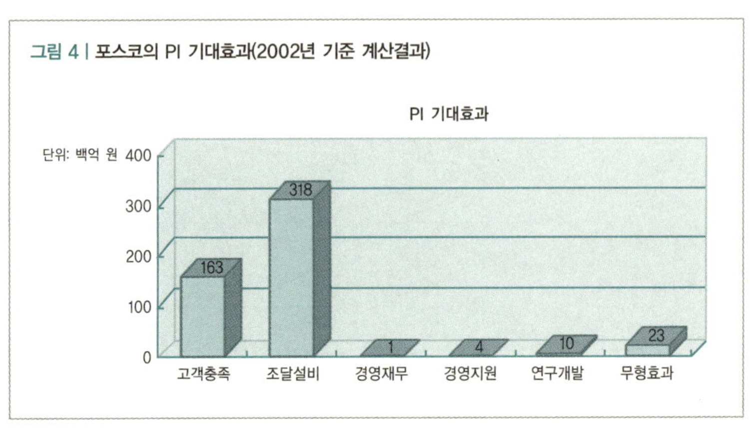

금액인 것으로 추정되었다.

PI는 계속되고 있다

포스코는 1기 PI를 완수하고 조업시스템, CRM, SRM 등을 확대, 발전시켜 PI를 완성시켰다. 또한 PI 완성을 통해 정제된 프로세스프 중심으로 6시그마를 도입해 지속적인 경영혁신을 추진했는데, 특히 2기 PI의 핵심은 6시그마 도입이다.

부서단위 성과관리(Balanced Scorecard: BSC)를 통한 전략실행력 강화

포스코는 PI 1기를 통해 전략수립과 실행을 연계, 관리하기 위한 전사적 성과관리 프로세스를 정립했다. 또 전사/부문 단위의 성과관리(BSC) 체계를 적용하여 기업전략과 각 업무 영역을 대표하는 부문전략을 연계하여 운영할 수 있는 체계를 성공적으로 확립했다. 포스코는 여기서 멈추지 않았다. 전략의 실행 주체인 개별 부서단위의 목표와 실적을 기업의 전략과 연계시키기 위해 국내에서 사례를 찾기 어려운 부서단위 성과관리체계를 도입했다. 기업의 성패는 어떤 전략을 수립하느냐에 달린 것이 아니라 전략을 어떻게 실행하느냐에 달려 있다는 판단에서다. 전략실행력을 강화하기 위해서는 기업을 구성하는 각각의 요소들이 기업전략과 합치된 방향으로 행동하도록 체계를 갖추는 것이 필수적이다.

전략실행력 강화를 위해 포스코는 부서단위까지 성과관리체계를 확대 적용했다. 또 기존에 형식적으로 운영되고 있던 성과관리 프로세스를 개선하여 활성화했다. 부서단위까지 성과관리 체계를 확대 적용하기 위해서 기업전략과 개별 부서의 업무성과를 연계하기 위한 전략체계도를 작성했다. 이를 통해 전략의 구체적인 내용과 상/하위 조직 간의 업무적 인과관계를 파악하여 연계성을 강화했다. 이는 부서를 관리하는 관리직 이상의 직원이 담당부서의 업무성과가 기업전략에 어떤 영향을 미치는지 파악하도록 했다. BSC는 기업전략을 달성하기 위해 부서단위의 계획을 수립하고 실행에 적용하는 데 큰 도움이 되었다. 또한 전사의 전략수립 프로세스와 성과체계 설계, 그리고 예산편성의 프로세스의 운영주기를 분기단위로 일치시켜 각 부서의 지표설정시 기업전략과 일치된 업무실행 계획을 수립하도록 했다. 그리고 지표설정시 발생하는 각 부서의 업무 부하를 최소화하고 각 성과지표의 목표와 설정의 객관성을 확보하고자 지표정보의 자동수집 비율을 30% 수준으로 높였다.

포스코는 부서단위 성과관리체계 확립을 통해 기업전략의 부/실 단위까지 캐스케이딩을 통해 개별 부서의 전략실행력 및 전략인지도를 제고할 수 있었다. 전략수립과 성과지표 설정, 예산 설정 프로세스의 유기적 연계로 전략 중심의 경영관리 체제를 구현했다.

공급사와 협업체계 강화를 통해 경쟁력 확보

포스코는 PI 1기를 통해 구매 부문의 프로세스를 선진화하고 이를 지원하는 시스템을 성공적으로 구축했다. 그러나 구매 관련 의사결정에 사용되는 다양한 분석자료는 시스템을 통해 제공되지 않았다. 그래서 포스코는 PI를 확대 발전시켜 공급사와의 협업체계를 확립, 공급망 전체의 경쟁력을 강화시켰다. 우수 공급사 선정을 통해 구매원가를 줄이고 우수 공급사와 협업체계를 강화하는 등 공급사 평가체계를 구축했다. 그 결과 전반적인 조달 위험요인을 감소시켰으며, 공정한 평가를 통해 공급사 자율개선 체계를 확립했다. 궁극적으로 상호 이익을 추구하는 기반을 마련했다.

PI를 통해 추진된 구매 부문 혁신의 핵심은 투명성 증대와 의사결정 지원기능 강화에 있다. 우선 객관적인 공급사의 평가기준을 수립하기 위해 물품 특성을 고려하여 동일 품종 별 평가지표를 선별적으로 적용했다. 또 시스템에 의한 데이터의 자동집계로 평가의 효율성을 확보했으며 한국신용보증기금, D&B 등 대외 신용평가기관정보를 활용했다. 이와 같은 객관적이고 투명한 기준에 따라 주요 공급사를 4개 그룹으로 분류하여 기업전략과 연계된 구매전략을 수립해 적용하도록 했다. 또한 주요 공급사에 대해서는 시스템적 협업체계를 도입하여 포스코의 구매계획과 공급사의 생산계획을 연동시키고, 공급망의 재고 정보를 주요 공급사와 공유하여 전체적인 재고감축을 통해 원가를 절감하도록 했다. ERP 등을 통해 축적된 다양한 정보를 의사결정에 적극적으로 활용하기 위해 우수 공급사 구매비중, 원가 절감 실적, 공급사 별 구매실적 등 다차원 분석정보를 제공했다. 또 사내/외에 분산되어 있는 공급사 정보를 통합 제공하여 신속하고 정확한 의사결정이 이뤄지도록 했다.

포스코는 공급사와 협업 강화를 통해 원자재와 MRO(기업소모성 자재)를 포함한 전 구매품목에서 구매원가 절감을 달성했다. 특히 원자재에서는 평균 재고보유 일수를 10일 이상 절감함으로써 막대한 재고비용을 감축할 수 있었다. 이는 결과적으로 공급사의 원가 절감 효과로 이어져 궁극적으로 포스코를 포함한 전 공급망의 경쟁력을 강화하는 데 기여했다.

지속적인 경영혁신의 툴: 6시그마

1968년 설립 이후 포스코는 TQM, ISO 등 품질관리 프로그램 도입과 함께 제철소 조업 프로세스의 품질 분임조(QC) 활동을 통해 지속적으로 제강 품질을 개선했다. 포스코는 품질개선 활동과 함께 기업 경영 혁신도 지속적으로 추진했다. 6시그마를 제조/비제조 부문에 성공적으로 확대하여 진정한 꽃을 피운 GE 역시 일련의 혁신 활동들이 기반이 되어 6시그마를 성공적으로 추진할 수 있었다.

일련의 품질관리 프로그램과 PI에 성공한 포스코는 6시그마 추진을 위한 안정적인 조건을 갖추었다고 평가받는다. 포스코 6시그마 추진은 '동시병행추진' 및 '동종업계 최초'라는 두 가지 의미를 가지고 있다. '동시병행추진'은 제조와 비제조 부문을 동시에 추진하는 것이다. LG

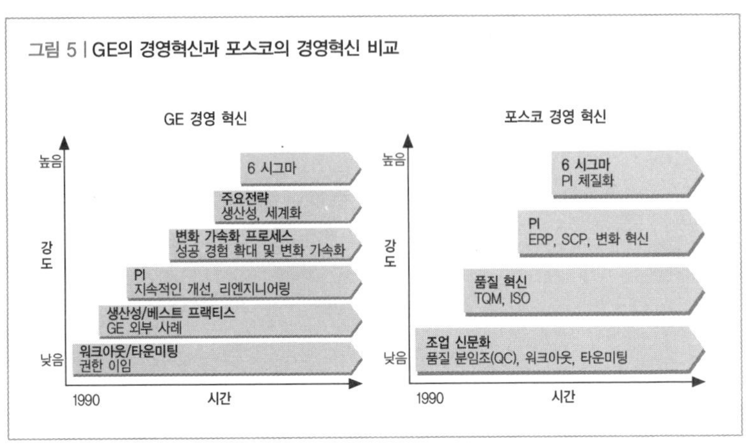

그림 5 | GE의 경영혁신과 포스코의 경영혁신 비교

와 삼성이 제조·비제조 부문에 대해 순차적으로 도입하고 GE도 전 제조 부문에 이어 순차적으로 확산하는 시류에 역행한 것이다.

'동종업계 최초'는 세계 철강기업 최초로 PI 기반 위에 제조/비제조 부문에 동시병행적으로 추진했다는 뜻이다. 이는 글로벌 경쟁력을 더욱 강화함으로써 글로벌 리더십을 확보하려는 포스코의 의지를 담고 있다.

포스코의 이구택 회장은 취임 이후 성장을 위하여 반드시 필요한 것은 바로 혁신이라는 점을 지속적으로 언급했다. 특히 '혁신의 주축은 바로 6시그마'라는 메시지를 임직원들에게 지속적으로 전달하고 있다.

포스코는 6시그마를 통하여 그 동안 추진해 온 어떠한 변화의 노력보다도 훨씬 강도 높고 체계적인 경영혁신 활동을 진행하고 있다. 6시그마는 포스코 경영혁신의 대명사라고 해도 과언이 아니다. 프로세스 혁신을 통해 구축된 시스템 인프라와 프로세스를 바탕으로 변화에 가

속도가 붙었다. '6시그마 전문역량을 갖춘 인재육성', '과학적이고 통계적인 사고로 일하는 방식의 변화 추구', '고객 만족과 재무효과 창출을 위한 프로세스 혁신으로 기업가치 제고'라는 세 마리 토끼를 잡아 궁극적으로는 철강업계의 글로벌 리더십을 지속유지 하는 것이 6시그마의 목표다.

포스코 6시그마는 프로세스 혁신으로 6시그마의 효과적인 추진을 이룰 수 있는 역량과 인프라를 마련해 놓고, 이와 연계해 추진한다는 점이 가장 큰 특징이다. 포스코 6시그마는 '포스트 PI 혁신 모델'의 새로운 전형을 창출했다는 데에 큰 의의가 있다.

포스코의 6시그마는 크게 3단계 추진 전략을 통해 도입되었다. 2001년 12월부터 준비를 시작한 6시그마 실무팀들은 5개월 간의 마스터플랜 작성작업을 통해 도입과 관련한 전략수립 및 향후 구체적 전개에 대한 청사진을 그렸다. 이후 2002년 4월 1차 웨이브를 시작으로 2년 간의 도입 단계를 거치면서 인재육성 및 전 부분의 성공체험에 집중했다. 이 기간 동안 CEO의 강력한 주도 하에 제조/사무간접/연구소 등 모든 부문이 동시에 참여해 추진했다. 이에 따라 전 부문에 걸쳐 6

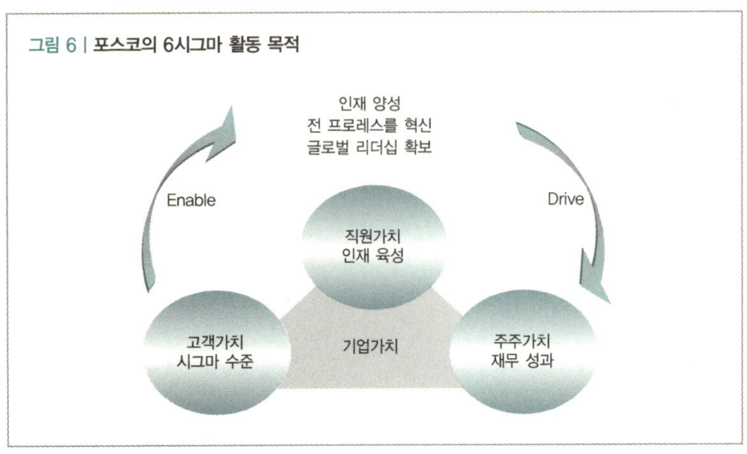

출처: 포스코 대외 발표 자료

시그마 전문인력이 양성됐다. 또 다수의 임직원이 6시그마 성공체험을 하게 함으로써 조기에 자신감을 고취시키고 재무성과도 높였다. 방법론의 경우 기존 프로세스에 대한 개선 방법론인 DMAIC(Define, Measure, Analyze, Improve, Control)와 신제품/프로세스 개발에 대한 방법론인 DFSS(Design for 6시그마)를 도입 초기부터 동시에 시작하는 과감한 방식을 택했다. 제조 DMAIC의 선(先) 도입 후 2~3년 이후 비제조 DFSS를 도입하는 다른 기업들에 비해 2년 이상의 도입 기간 단축 효과를 거둘 수 있었다.

2004년 7월부터 2006년 말까지는 확산 단계다. 6시그마가 회사 경영전략 달성의 동력으로 정착하는 시기다. 이 기간 동안 6시그마 활동이 전사적으로 확산, 가시화되었다. 2005년에는 '혁신기획실'을 신설, 6시그마 혁신 활동을 좀더 체계적이고 내실을 다지며 운영했다. 2006년까지 조직적인 개편을 통해 포스코 혁신 활동의 개념을 6시그마 중

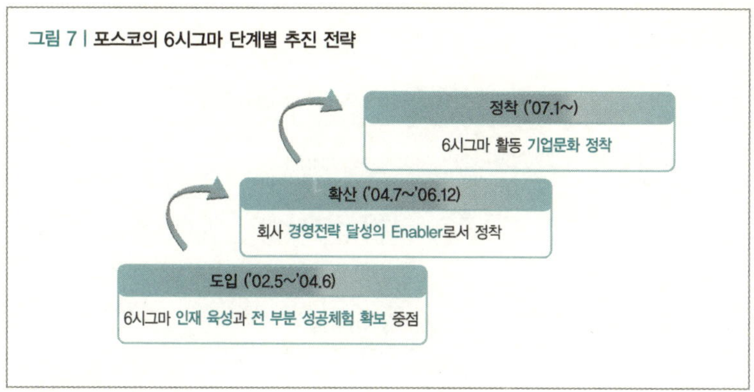

그림 7 | 포스코의 6시그마 단계별 추진 전략

출처: 포스코 대외 발표 자료

심으로 확장, 통합하여 시너지를 끌어내는 것이 목표다. 2007년부터는 6시그마 활동을 기업 문화로 정착시킨다는 로드맵을 갖고 있다(그림 7 참조). 이는 6시그마를 단순한 방법론이 아닌 기업 문화(6시그마적 사고)로 정착시키고자 하는 포스코의 의지를 명확히 반영한다는 점에서 시사하는 의미가 크다.

현재 포스코는 경영지원/인사노무/마케팅/기술연구/포항 및 광양 제철소/스테인리스 사업본부 등 모든 부문에서 6시그마 과제를 진행하고 있다. 더불어 부서 내의 개선 과제에 국한하지 않고 여러 부문의 협업이 필요한 협업 메가 Y 또는 빅 Y 과제로 진화하고 있다. 메가 Y 과제란 전사전략과 2개 부문 이상의 협업 프로세스에서 도출된 중점개선 영역을 말한다. 예를 들어 '자동차강판 500만 톤 판매체제 구축'이라는 메가 Y 프로젝트를 위해 판매/생산/R&D 부문이 2003년부터 협업으로 참여하여 많은 성과를 창출해 내고 있다(그림 8 참조). 메가 Y의 목적은 전사 전략목표를 일관된 방향으로 추진함으로써 시너지 효과

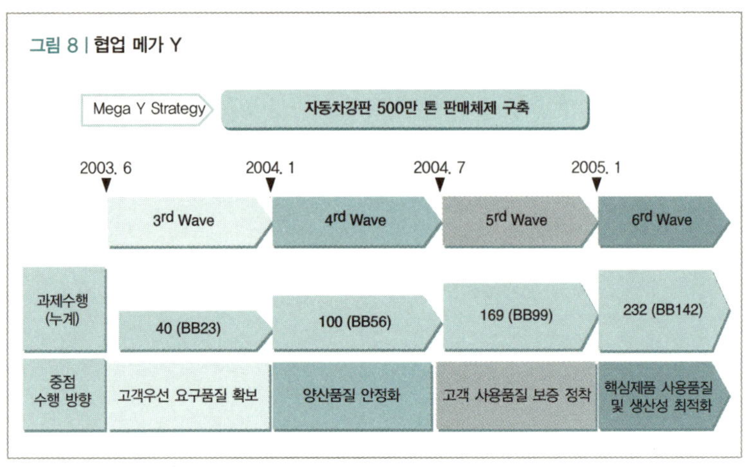

출처: 포스코 대외 발표 자료

를 극대화시키고 전사 프로세스에 입각한 매트릭스 형태의 비즈니스 개선 활동을 추구하자는 데 있다. 포스코는 웨이브를 더해감에 따라 협업 프로젝트의 비중을 지속적으로 확대해 나갈 계획이다.

포스코의 과제수행 활동을 보면, 웨이브별로 교육과 과제수행을 6개월 간 병행 실시하고 있다. BB(블랙벨트) 후보는 2개 웨이브 동안 2개의 과제를 오프 잡(Off-Job)으로 수행한 후 현업에 복귀해 과제와 현업을 동시에 수행하도록 하고 있다. GB(그린벨트)의 경우, 온 잡(On-Job)으로 교육과 과제 활동을 수행하고 있다.

2002년 5월부터 2004년 12월까지 5차의 웨이브를 거치면서 BB과제와 GB과제를 모두 합해 총 2,762건의 과제가 수행되었다. 그 규모는 날로 커져서 2005년 상반기에 수행된 6차 웨이브에는 무려 1,500여 개의 6시그마 과제가 수행되었다(그림 9 참조).

또 2003년부터는 벨트 취득자를 미래의 리더로 양성하고 동기를 부

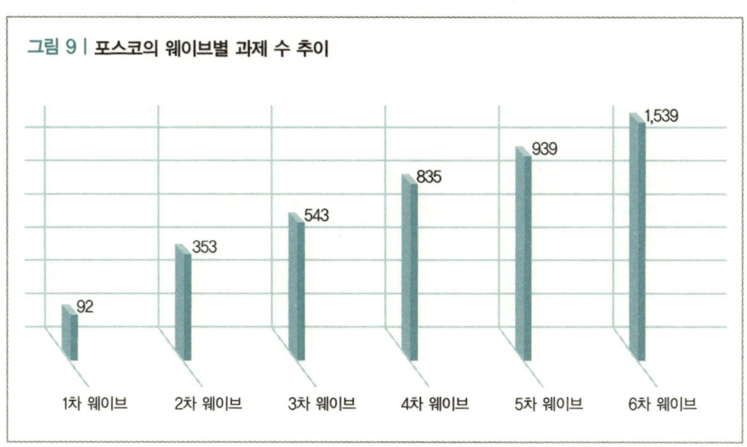

그림 9 | 포스코의 웨이브별 과제 수 추이

여하는 차원에서 승진 평가시 가산점을 주고 있다. 2006년에는 직책보임자의 벨트 자격을 의무화하기 시작했으며, 2007년까지는 신규 직책보임자에게도 블랙벨트를 의무화하도록 할 예정이다. 현재 포스코의 벨트 인증(Belt Certification)은 6시그마 추진에 대한 경험과 참여에 따라

 용어 설명

DMAIC 방법론 | DMAIC는 현재 존재하고 있는 프로세스나 제품의 결함을 개선하기 위한 방법론으로, 문제정의(Define), 측정(Measure), 분석(Analyze), 개선(Improve), 관리(Control)의 단계를 거쳐 프로젝트를 수행한다.

DFSS(Design For 6시그마) 방법론 | 신제품을 설계하거나 현재 존재하지 않는 새로운 프로세스를 처음부터 6시그마 수준으로 설계하기 위한 방법론이다. DFSS는 문제정의(Define), 측정(Measure), 연구(Explore), 개발(Develop), 실행(Implement)의 단계를 거쳐 프로젝트를 수행한다.

MBB(Master Black Belt) | 마스터 핵심 리더

BB(Black Belt) | 핵심 리더

GB(Green Belt) | 실무 추진자

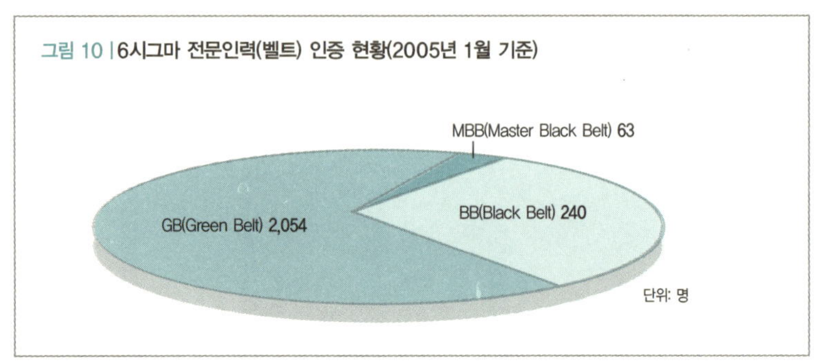

출처: 포스코 홈페이지

서 마스터 블랙벨트(Master Black Belt), 블랙벨트(Black Belt), 그린벨트(Green Belt)로 나누어서 시행되고 있다. 총 인증자는 전직원의 12%에 육박하는 2,300여 명 수준에 이른다(그림 10 참조).

또한 6시그마 활동의 경영기여도를 나타내는 재무성과는 과제 수의 증가와 더불어 향상되고 있다. 2002년 107억 원, 2003년 2,025억 원, 2004년 4,889억 원으로 총 7,021억 원의 성과를 거두었다(그림 11 참조). 포스코는 6시그마 활동을 통해, 자사의 프로세스 평균 시그마 수준을 개선 전 1. 6시그마에서 개선 후 3. 5시그마 수준으로 95% 향상시켰다. 2005년 11월 현재 6차 웨이브를 수행 중에 있으며 임직원 공통의 '일하는 방식' 으로서의 6시그마를 체질화하기 위해 박차를 가하고 있다. 6시그마 활동을 기업 문화화하기 위한 일환으로 ASU(Arizona State University)에서 임원진, 챔피언, MBB후보들을 대상으로 각 계층별 역할과 책임 및 6시그마적 사고에 대한 교육을 진행하는 등 혁신에 대한 투자도 아끼지 않고 있다. 그러나 포스코가 6시그마를 추진하면서 문제점이 전혀 없었던 것은 아니다. 현장에서 일하는 직원들 사이에선 6

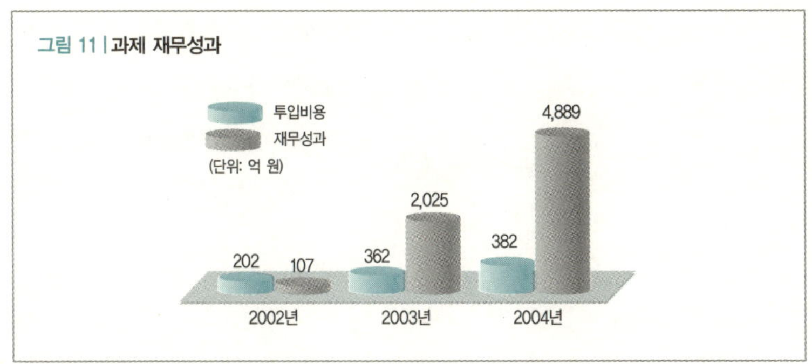

출처: 포스코 홈페이지 및 대외 발표 자료

시그마 방법론을 정석대로 모두 적용하기는 현실적으로 제약이 많고 따로 시간을 내서 교육받는 것 역시 비효율적이라는 지적들이 나오고 있다. 현장 직원들을 대상으로는 상대적으로 좀더 간결하고 빠른 린 (Lean) 기법을 도입, 결합하여 '린 6시그마'를 적용해야 한다는 소리가 높다. 또한 데이터 수집의 어려움 때문에 비제조(사무간접) 부문의 활동 이 상대적으로 조금 저조하다는 얘기도 나오고 있다. 이에 대해 포스코 고유의 사무간접 부문을 위한 방법론 개발을 통해 유연하게 적용시켜 야 한다는 방안이 대두되고 있다. 기존의 방법론을 통해서도 다수의 성 공적인 비제조·서비스 부문 과제를 수행해 왔기 때문에 사무간접 부 문에 6시그마를 적용할 수 있다는 자신감은 이미 확보해 둔 상태다[※ 2006년부터 Lean과 TPS를 접목한 Qss(Quick Six Sigma) 활동을 전사적으로 전 개하고 있음].

6시그마와 관련 전세계적으로 벤치마킹 대상이 되고 있는 포스코의 성공요인으로는 CEO의 강력한 의지와 지원, 임원/챔피언의 적극적인 리더십 및 중요한 과제의 도출(Right project), 과제선정 적임자 선발을 통한 유능한 인재(Right people) 확보, 적절한 보상(성과보상, 인사연계), 원활한 데이터 수집을 위한 인프라, 효과적인 과제관리 도구, 지속적인 프로세스 컨트롤, 사려 깊고 인내심 있는 변화관리 등이 꼽힌다.

구매혁신 사례

네트워크 경제 체제 아래에서 구매의 전략적 중요도 증대

최근 기업들은 극한적인 시장 내 경쟁환경에서 생존하기 위해 기업 내 외부에서 발생하는 직·간접적 비용 발생 요인들을 분석하여 최소화하는 TCO 활동을 시행하고 있다. 이와 더불어 '구매'도 혁신 활동의 최우선 대상으로 부각되고 있다.

현대 기업의 활동에서 가장 많은 직접 비용을 집행하는 부서가 구매다. 그럼에도 불구하고 국내에서는 1990년대 중반까지만 해도 구매는 단순한 자재관리 업무를 수행하며 생산 현장을 지원하는 주체로 인식되어 왔다.

그러나 기업의 핵심 영역을 제외한 대부분은 외부 자원을 활용해 기업 활동을 해야 하는 네트워크 경제의 조류에 적응, 생존하기 위해서는 구매부서는 비용센터(Cost Center)가 아니라, 기업의 생존을 위한 전략수립 및 실행에 영향을 미치는 혁신센터(Innovation Center)로서의 중요성이 강조된다.

삼성전자도 1990년대 초·중반부터 일류 제품의 개발 및 생산을 위해 시장 내 존재하는 최신 기술을 확보하는 동시에 품질과 가격을 동시에 만족시키는 직·간접 자재의 공급업체 확보 및 육성을 추진하고 있다. 특히 사업의 수익구조에 직접적인 영향을 미치는 직접구매비용의 규모가 2005년도에 42조 원(반도체 사업부 제외)에 이를 것으로 예상됨에 따라 구매의 전략적 중요도는 더욱 더 높아지고 있다. 삼성전자 최고 경영진은 '구매 예술화'라는 주제로 시행되고 있는 혁신 활동을 통해 구매업무의 전략적 수행 기반 마련을 강조하고 있다.

구매혁신 초기 단계 과제

삼성전자는 구매혁신 초기 단계에 가장 시급하게 해결되어야 할 부분으로 전사적 목표보다는 사업부별 내부 목표에 초점을 맞춘 구매 전략이 수립된다는 점을 지목했다. 사업부 개별적으로 구매부서가 운영됨에 따라 나타나는 현상이다. 이로 인해 전사적인 통합을 통한 구매 경쟁력 강화 효과를 극대화하는 데 어려움이 있었다. 따라서 전사 수준에서 구매 물량을 집중하고 공급업체를 통합관리 운영하여 전사 구매 경쟁력을 강화할 수 있도록 품목별 구매 위원회를 설립하는 일이 필요했다.

또 체계적인 구매업무 수행을 위해서 e-구매 시스템 도입을 통한 구매업무 온라인화, 전략적 구매 활동 강화를 위한 체계적인 전략구매 방법론 및 시스템 도입 등이 요구되고 있었다.

이러한 구매 내외부의 개선 요구 사항들을 반영하기 위해서는 무엇보다도 구매의 역할에 대한 재정립이 선행되고, 무엇보다 혁신을 실행하기 위한 인력 확충이 중요했다. 이것이 우수 인력의 재배치가 시작되는 계기였다.

구매의 역할 재정립(전략구매 중심 조직으로의 전환)

1990년대 중·후반부터 도입되기 시작한 구매업무의 온라인화(e-구매, ERP 등)를 기반으로 한 구매 효율화 확산을 통해 전통적 구매업무(공급업체 가격협상/계약체결, 납기/결품 관리, 대금 지급 등)의 효율적인 업무 진행이 가능해졌다. 이에 따라 잉여 구매인력을 전략적 구매업무(공급업체/기술 소싱, 공급시장탐색(Supply Market Sensing), 공급업체 육성/지원/관리, 구매 전략수립 등)에 투입, 구매업무에 대한 조직 내부의 인식 전환이 이루어지는 계기를 마련했다.

특히 1990년대 초부터 최고경영자의 구매에 대한 혁신 의지에 따라 구매 부서에 전진 배치되었던 우수 인력들이 직접 투입되어 e-비즈니스 혁신 업무를 수행했다. 이로 인해 초기 함께 도입했던 기업들에 비해 성공적으로 시스템을 구축했다.

SRM을 기반으로 한 전략구매 실행 방법론 도입

우수한 인력의 배치와 더불어 ERP, e-구매 시스템과 같은 기본 인프라의 구축이 완료된 후, 혁신의 다음 단계로 2000년 초부터 전략구매 실행 방법론을 기반으로 한 SRM(Supplier Relationship Management)을 도입했다.

SRM은 SCM(Supply Chain Management)활동 과정 중 하나다. CRM과 더불어 외부 파트너인 공급사와의 관계를 개선하고 공급망을 확장, 통합하여 공급망 전체의 효율을 높이는 활동이다.

최근에 기업의 IT 수준 및 구매 패러다임이 발전함에 따라 외부 파트너인 공급사와의 관계를 개선하고 공급망 전체의 효율을 높이는 활동으로 SRM에 대한 관심이 높아지고 있는 상황이다. 특히 SRM은 국내 기업이 안고 있는 공급사 관리전략 부족, 자의적 평가, 부분적 공급사 관리와 같은 이슈들을 체계적이고 실질적으로 해결할 수 있는 대안으로 제시되고 있다.

결국 제대로 된 SRM은 구매전략 수립을 위해 구매실적, 시장환경분석과 같은 구매 내외부 환경 분석을 지원한다. 특히 공급사 구분, 공급사 성과측정, 공급사 육성 등의 다양한 요소가 상호 연계되어 최적의 공급사를 유지, 관리하게 만들고 원가 절감 기회를 극대화할 수 있도록 지원하는 프로세스와 시스템상의 실행 방법론이다(그림 12 참조).

기본적으로 전략구매 실행 방법론의 적용은 개인역량 및 직감에 의존해서 수행되어 왔던 전통적 구매업무에 대한 혁신 및 전환을 의미하는 것이다. 기존 정형화된 기본 틀 위에 각 기업의 특성을 반영하여 수정 및 보완될 수 있는 유연성이 강한 실행 방법론이다. 또 일관되고 분석에 근거한 구매전략수립 및 실행을 가능하도록 지원해 준다.

삼성전자의 경우 SRM을 통해 품목별 전사 전략구매 실행 주체인

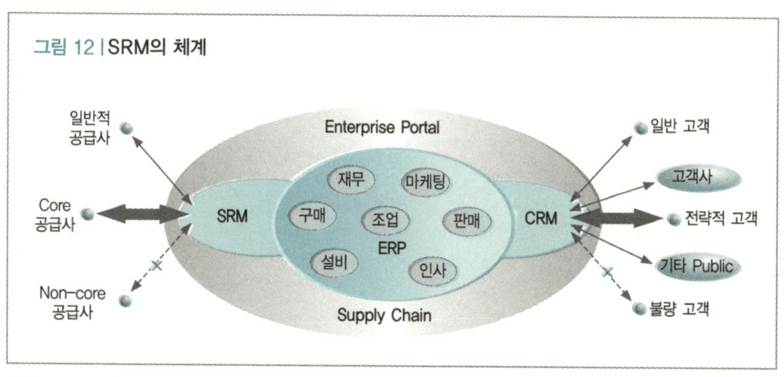

출처: IBM 글로벌 비즈니스 서비스 Knowledge Database

GCC(Global Commodity Council)를 도입, 전략구매 실행 방법론을 GCC의 업무 프로세스에 적용하여 상당한 효과를 거두었다. 현재 모든 사업부의 구매 담당자에 대한 표준 교육 과정에도 적용하여 구매 전문가 육성에도 활용하고 있다. 각 사업부의 경영 특성에 적합하도록 실행 방법론을 수정/보완, 전사로 확산/적용하여 효과를 극대화할 계획이다.

개발 단계 구매 참여 강화(Early Procurement Involvement: EPI)

모든 경영혁신의 궁극적인 목적은 저비용 운영을 실현하는 데 있다. 구매 부문에 대한 혁신 활동 역시 직접원가 절감이 중요한 목표 중 하나다. 이른바 눈에 보이는 직접원가에 대한 절감은 전략구매 활동을 통해 실현이 가능하나, 눈에 보이지 않는 원가의 대부분은 설계 단계에서 이미 결정됨에 따라 제품이 양산 단계에 들어간 후의 전략구매 활동으로는 원가 절감에 한계가 있을 수밖에 없다(그림 13 참조).

제품 원가의 70~80% 이상이 제품 개발의 초기 단계에 결정됨에 따라 삼성전자는 원류 단계(상품기획에서 설계단계)부터 구매부서가 참여하여 투여 자재에 대한 최적 가격 및 공급조건을 고려한 자재 및 공급업체의 활용을 가능하도록 지원하게 했다. 가치공학(Value Engineering)의 효과를 극대화할 수 있도록 한 것이다. 특히 구매의 개발 단계 참여 강화는 제품의 R&D 초기 단계부터 핵심 공급업체 활용을 가능하도록 함에 따라 기술력이 우수한 업체의 육성이 가능해졌다. 이를 통해 공급업체와의 전략적 관계 강화를 가능하게 만드는 효과를 거둘 수 있었다.

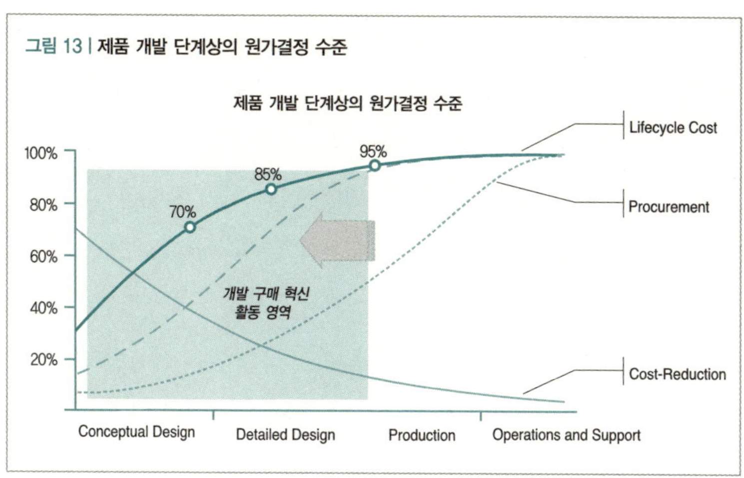

출처: DARDA, Rapid Design Exploration and Optimization Project, 2003

삼성전자에서는 2003년부터 개발구매혁신(Procurement Engineering System: PES) 활동을 통해 기술/시장 정보관리 체계를 강화하고 개발 단계부터 최적 부품 및 업체를 활용관리할 수 있도록 최적 부품 관리 및 원류 단계 개발과 구매의 협업체계를 강화했다. 또 개발초기 단계부터 원가 절감 활동을 극대화할 수 있도록 프로세스 및 시스템을 구현했으며, 개발구매 전문 조직을 구성하여 성공적으로 운영하고 있다.

이를 통해 개발 단계부터 기술적 측면뿐 아니라 수급·업체 측면에서도 최적화된 부품과 업체를 활용할 수 있도록 최적 부품 및 공급업체 풀을 구성, 운영 중에 있다. 개발과 구매가 공동으로 개발 주요 단계별 목표 재료비 수립 및 달성을 위한 관리를 통해 개발납기(Time To Market) 준수 및 개발 단계 목표 재료비 달성률이 상당히 개선되는 효과를 거두고 있다.

특히 개발초기 단계부터 우수 전략적 관계에 있는 공급업체에 신규 부품 개발권 등을 부여할 수 있게 됨에 따라, 공급업체와 실질적인 상호 윈윈(win-win) 관계의 강화를 모색할 수 있게 됐다. 이것이 기술 경쟁력 있는 공급업체 육성을 가능하게 했다.

삼성전자에서는 공급업체와 가격협상을 잘 하고 자재를 적기에 입고하도록 하는 것은 더 이상 구매의 핵심역량이 아니다. 그보다는 기업 프로세스 전반에 영향을 미칠 수 있는 주체로서의 역할 수행을 요구하고 있다. '구매 예술화 실현'을 목표로 삼고 있는 삼성전자 구매부서의 기본 비전 역시 전략적 구매업무 수행을 바탕으로 협력업체의 노력과 협조를 이끌어 내고, 궁극적으로는 협력업체의 스케일과 질을 높여 갈 수 있도록 구매업무를 수행해야 한다는 점을 강조하고 있다. 구매에 대한 역할의 중요성이 증대되고 있으며 이에 대한 혁신의 필요성역시 증대되고 있는 것이다.

수익구조 개선, 지속가능 경영에 있어서의 구매의 전략적 중요도

몇 해 전부터 각 기업은 지속가능 경영을 강조하고 있다. 구매는 이러한 지속가능 경영의 중심에 있다. 구매 영역은 회사 수익성(sustainable growth)에 기여해야 하기 때문에 경제적이어야 하며, 녹색구매와 같은 환경경영(ecosystem) 실현에 기여해야 하기에 친환경적이어야 한다. 또 협력회사와 장기적, 전략적 관계를 유지하며 상생경영(win-win)을 지속해야 하기 때문에 사회공헌적이어야 한다. 결국 이러한 모든 것들이 지속가능 경영을 위한 구매의 역할이며 이미 혁신의 대상이 된 지 오래다. 예를 들어, 각 국가의 강력한 환경규제와 관련된 무역장벽을 넘기 위해서는 규제에 저촉되지 않는 고품질의 친환경 부품(green part)을 저렴한 가격에 구매하여 제품에 반영해야 한다. 이를 만족하지 못할 경우에 매출의 급격한 하락을 피할 수 없고 더 이상 기업경영을 지속할 수 없게 된다.

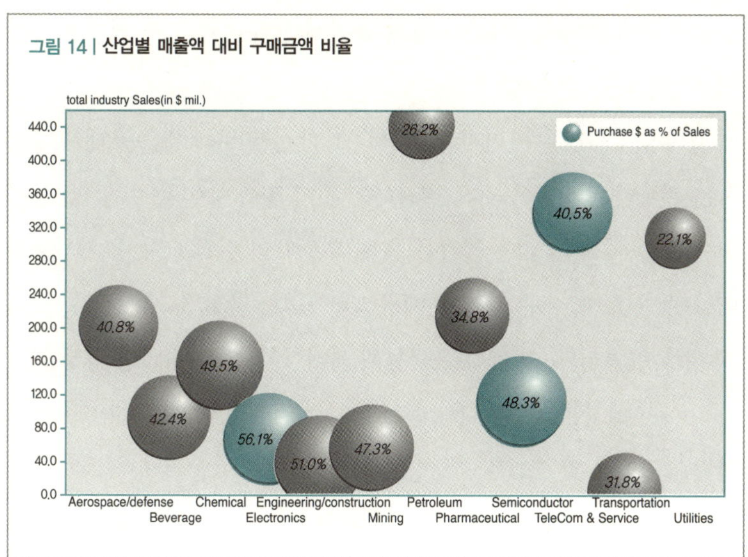

출처: CAPS Research, 2002

산업별로 차이는 있지만 기업에서 매출액 대비 구매금액이 차지하는 비중은 매우 크다. 전자산업의 경우 매출액의 56%가 구매액에 해당하며 삼성 SDI와 같은 장치산업은 이보다도 훨씬 높은 비율을 차지하는 것이 일반적이다(그림 14 참조). 원자재 가격의 비중이 높은 산업일수록, 구매운영 개선을 통한 운영비용 절감과 전략적 구매를 통한 수익구조 개선 및 고품질 자재의 안정적인 수급이 중요하다.

구매 절차가 선진화된 기업에서는 경영진의 포커스 분야가 과거 매출 증대 중심에서 원가 경쟁력에 의한 수익성 개선 중심으로 옮겨가고 있다. 또한 구매 프로세스 개선, 구매전략 수립과 함께 IT 인프라 개선을 지속적으로 병행 추진하고 있다. 이러한 추세는 원가 절감을 통한 기업 수익성 개선 요구, '가치사슬' 개념의 확산으로 기업 간 협업 및 소싱의 중요성 증대, 시장에 대한 유연성과 대응력 강화 필요성 증대에 기인한다.

절대적인 원리는 아니지만, 수익구조 개선을 위해 매출을 대폭 향상하는 것보다는 비용을 소폭 절감하는 것이 훨씬 용이할 수 있다. 일반적으로 5%의 구매 비용 절감을 통해 약 50%의 수익성 향상 효과를 기대할 수 있으며, 이는 각각 판매량 50% 증대, 간접비 20% 절감, 그리고 내부 인력 50% 이상 감축을 통해 기대할 수 있는 수익성 향상 효과와 유사한 결과를 가져온다(그림 15 참조). 결국 구매혁신은 수익구조 개선과 직결됨을 알 수 있다.

세계적 수준의 기업들은 전통적인 구매단가 절감 수준을 넘어서 총체적인 공급체인 비용을 최소화하는 데 노력을 집중해 왔다. IBM은 1990년대 초반 'Near Death Experience'라 할 정도의 경영 위기를 겪으면서 전사적 혁신을 시도했다. 그 중 구매혁신은 수익성을 올리기

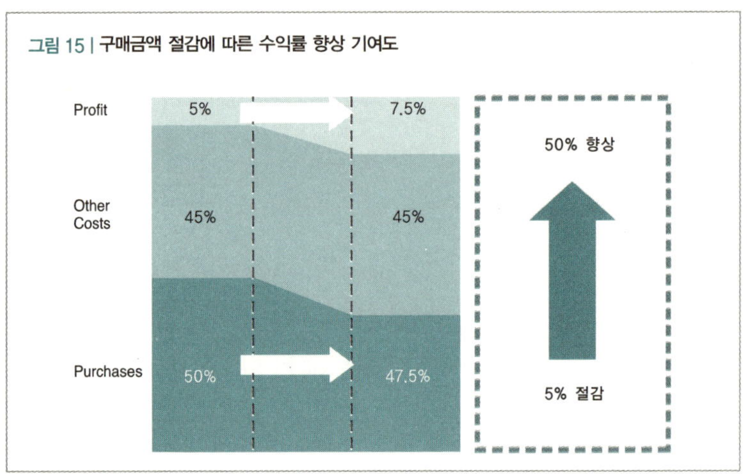

그림 15 | 구매금액 절감에 따른 수익률 향상 기여도

출처: 〈포천〉, IBM Internal Research

위한 핵심 과제로 추진되어 2001년 기준 90억 달러 이상의 누적 비용 절감 효과를 가져왔다. 그 결과 획기적인 수익 개선 효과를 얻을 수 있었다. 통합 구매 조직, 전사 표준 프로세스 정립, 글로벌 구매 인프라 구축을 통한 구매혁신으로 회사 회생에 기여했다. 현재도 지속적인 혁신목표 수립과 이에 대한 과감한 투자를 통해 공급망 최적화 노력을 계속 진행 중에 있다. 삼성전자, 포스코, LG전자와 같은 국내 선진기업들도 이러한 구매혁신을 지속적으로 추진하고 있음이 여러 매체를 통해 소개되고 있다.

GS칼텍스–6시그마를 통한 경영혁신 활동

도입 배경

GS칼텍스는 IMF 위기 이후 점차 가중되는 경쟁에 효과적으로 대응하기 위해 1999년 5월 정유업계로는 세계 최초로 전사적 차원의 전략적 혁신 활동으로 6시그마를 도입했다.

1990년대 말 정유업계의 경영환경은 미래를 점칠 수 없는 변화의 시기였다. 거리제한 철폐 및 가격 자유화로 본격적인 시장 자유화가 시행되었고, 고객의 요구는 점점 다양해졌다. 석유제품 수입자유화 조치로 신규 진입장벽도 없어졌다. 세계적으로 고조되고 있는 환경에 대한 규제는 정유업계에 막대한 투자를 요구하는 실정이었다. 이러한 모든 상황은 불확실성의 증대로 나타났다. 이로 인한 경영 리스크 증대를 극복하기 위한 차별화된 경쟁우위 요소 확보가 시급한 상황이었다.

GS칼텍스는 이러한 모든 난관을 뚫을 수 있는 돌파구가 회사 내부 프로세스의 개선에 있다고 판단했다.

고객요구의 정확한 파악 및 차별화 요소 발굴, 비용절감 및 투자시설의 전사적인 최적화를 통한 가격경쟁력 확보, 경영환경 변화에 능동적으로 대응할 수 있는 신속한 의사결정 구조의 확립, 인재 양성을 통한 구성원 역량의 극대화가 돌파구 마련을 위한 핵심 요소로 부각되기 시작했다.

이와 같은 내용을 가장 효과적으로 수행할 수 있는 경영혁신 활동이 6시그마라는 것은 의심할 여지가 없었다. 6시그마 경영은 해외 선진업체들에 의해 10여 년 이상 검증된 기법이기 때문이다. 이에 **GS**칼텍스 최고경영층은 6시그마의 도입을 결정했고, 도입 이후 6시그마는 **GS**칼텍스의 전사적 변화혁신 경영기법으로 현재까지 자리매김하고 있다.

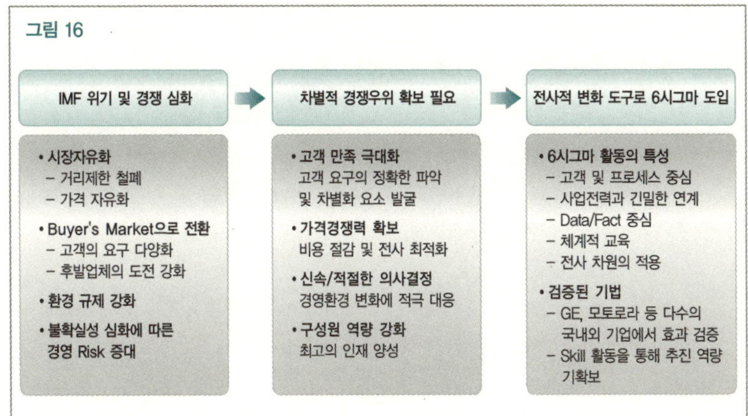

목표 및 전략

GS칼텍스의 6시그마 목표는 '지속적인 개선(Continuous Improvement)을 통한 무결점 경영품질 달성'이다.

이를 위한 핵심 전략은 아래와 같이 세 가지로 요약할 수 있다.

- 사람(People) : Future Leader 육성

- 성과(Profit) : Business Impact 극대화

- 내재화(Internalization) : 6시그마의 현업 내재화

이는 성과 및 인재 육성을 균형 있게 추구하며 궁극적으로 일하는 방식을 6시그마적으로 바꾸는 데 초점을 맞춘 전략이다. 이를 위한 구체적인 실천 계획은 그림 17과 같이 요약된다.

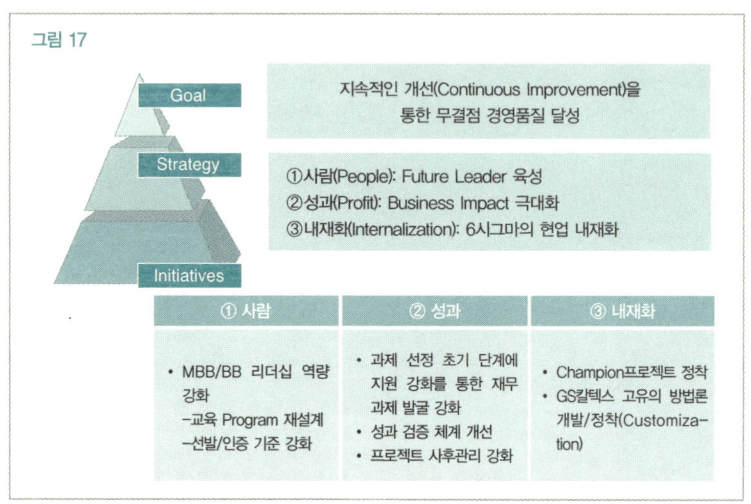

추진 경과 및 체계

GS칼텍스는 1999년 6시그마 경영을 도입했다. 2005년까지 정착과정을 거쳤으며 현재는 획기적인 가치 창출을 목표로 도약 단계의 6시그마를 추진하고 있다. **GS**칼텍스는 도입 초기 DMAIC 방법론 위주로 6시그마 개선 활동을 수행했다. 그 후 추진 역량의 확보와 더불어 DFSS(Design For Six Sigma) 방법론을 도입했다. 현재는 6시그마 추진의 통합체계라 할 수 있는 BPMS(Business Process Management System)를 정착시키고 있다.

도입기(1999. 5~2002. 12)

6시그마를 도입하기 위한 준비를 수행했던 1999년 초부터 6시그마 추진 역량 확보에 주력했던 2002년 말까지를 도입기로 볼 수 있다. 이 단계에선 6시그마 추진 역량의 확보에 집중했다. 추진 사무국 및 의사결정기구 설치, 경영지침 제정, 인증자격과 승진급의 연계, 과제관리 시스템 구축 등 인프라 확충이 이뤄졌다. 아울러 회사 구성원의 이해도 향상을 목적으로 각종 설명회, 챔피언 워크숍 등을 실시했다. BB과제 중심의 6차 웨이브의 풀타임 개선 프로젝트를 수행하면서 MBB와 BB 인증자도 확보했다. 이렇게 확보된 도입기의 인적자원은 이후 6시그마 추진의 원동력이 되었다.

정착기(2003. 1~2005. 12)

정착기 동안에는 3년 6개월의 도입기를 지나면서 확충된 내부 역량을 기반으로 본격적인 6시그마 내재화를 추진했다. 이 시기에는 본격적인 GB프로젝트 추진이 전개되었다. 6시그마의 조직 내 내재화를 위해서는 우수한 인재 위주로 수행되는 BB과제 외에도 GB과제의 활성화가 필수적이기 때문이다. 6시그마 활동이 임원 평가에 반영되기 시작했으며, 모든 팀장에게는 의무적으로 GB과제의 수행이 요구되었다. 또 BB에 대해서는 리더십 강화 교육이 추가되었다. 이는 현업 복귀시 변화 에이전트(Change Agent)와 GB과제에 대한 지도벨트로서의 역할을 수행할 수 있는 기초가 되었다. 6시그마의 빠른 정착을 위해 GB인증을 각급 승진의 필수 요건으로 규정하고 BB인증을 팀장 선임조건으로 명시했다.

아울러 **GS**칼텍스는 과거의 추진 경험을 통한 자신감과 축적된 역량을 바탕으로 한 단계 발전한 6시그마 방법론의 도입을 결정했다.

바로 DFSS 방법론 도입과 BPMS(Business Process Management System)의 개발이다. 특히 BPMS와 관련해서는 GE의 BPMS(Business

Process Management System)와 모토로라의 PCS(Project Control System)를 통합해 프로세스의 관리(Process Management), 프로젝트의 관리(Project management), 성과의 관리(Performance Management)가 가능한 **GS**칼텍스 고유의 관리 방법론을 개발했다.

도약기(2006. 01~)

GS칼텍스는 6시그마의 제2도약을 준비하고 있다. 그 일환으로 2006 년부터 전략과 연계된 임원 주도의 챔피언 프로젝트가 추진되고 있다. 이와 더불어 6시그마의 일상 업무 내재화를 위한 6시그마 의사결정 프로세스를 구축 중에 있다. 6시그마 방법론의 현장 활용도 제고를 위한 방법론 맞춤화도 함께 진행 중이다. 아울러 2003년 도입된 BPMS를 전

그림 18

	도입 및 확산기 (1999. 5~2002년)	정착기 (2003~2005년)	도약기 (2006년~)
	6시그마 추진역량 확보	전사 6시그마 수행체계 구축	경영 시스템과 연계
Leadership	• 챔피언 Workshop • 추진체계 구축: 의사결정 기구, 추진사무국 • 경영지침 제정	• 6시그마 활동 임원평가 반영 • 팀장 GB 과제 • 임원 교육('05. 9월)	• 임원/팀장 교육 • 6시그마 리더십 확보 지원 강화 • 6시그마 관련 제도 재정비
Execution	• 조직단위별 개별과제 수행 • PTS 구축	• GB 과제 수행 강화 • 신입/GB/BB 교육체계 구축 • BB 선발 및 복귀 체계 구축 • 장기/Mega과제 수행 • KM 연계 체계 구축	• 전사KPI 기반의 New BAP 운용 • 챔피언 과제 수행 • 사후관리 체계 개선 • BB/GB 인증 유지 요건 도입
Methodology	• DMAIC 교육 실시	• DFSS 도입 • 자체 교재 개발 • BPMS 도입	• 일상업무/의사결정에 6시그마 방법론 적용 • 과제 수행 방법론 Customization • 전사 BPMS 운용

출처: DFSS(Design for Six Sigma), BPMS(Business Process Management System), PTS(Project Tracking System)

사로 확산 시행할 예정이며, FEA 시스템과 사후관리 개선 방안도 획기적으로 개선할 계획이다.

이제까지 선진 타회사의 방법론을 받아들이는 데 치중했다면 도약기는 **GS**칼텍스 고유의 방법론으로 무장하여, 6시그마를 **GS**칼텍스의 일하는 방식으로 한 단계 끌어올리는 시기로 규정할 수 있다.

이러한 지속적인 노력을 통해 **GS**칼텍스 6시그마의 도약은 앞으로도 계속될 것이며, 6시그마 경영을 한층 가속화함으로써 획기적인 가치 창출을 달성할 것이다.

GS칼텍스 6시그마 교육체계

GS칼텍스의 6시그마 교육체계는 전사 직급체계 교육과 맞물려 유기적으로 시행되고 있다. 신입사원을 대상으로 하는 6시그마 입문과정에서부터 임원을 대상으로 하는 6시그마 임원 교육에 이르기까지 6시그

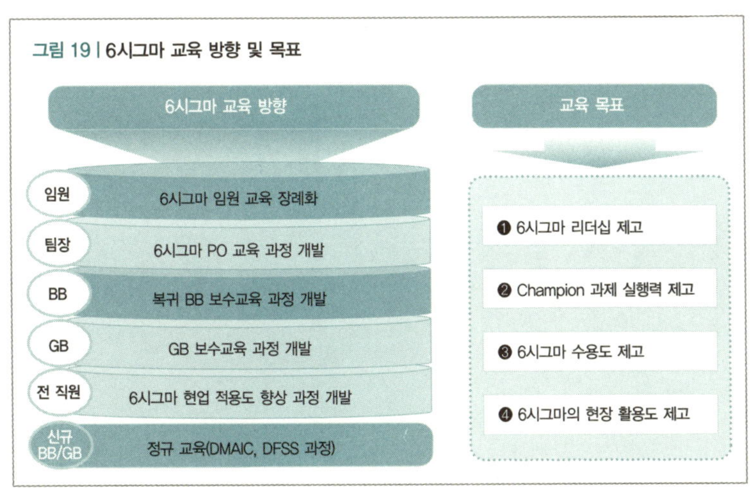

마에 대한 교육을 체계적으로 이수하도록 구성되어 있다.

6시그마 경영성과

GS칼텍스가 6 시그마 기법을 도입한 이래 현재까지의 누계 재무성과는 약 1,700억 원에 이르고 있다. 특히 2005년에는 생산 현장의 활발한 GB과제 수행을 통해 예년에 비해 큰 폭으로 상승한 약 650억 원의 재무성과를 이루었다.

재무성과와 더불어 나타난 또 하나의 실질적인 성과는 6시그마 경영을 통해 양성된 인재다. 이는 금액으로 따질 수 없는 회사의 엄청난 자산이라 할 수 있다. 1999년 9월부터 6시그마 추진요원 양성이 수행

표 1 | GS칼텍스의 연도별 재무성과

구분	2000	2001	2002	2003	2004	2005
연도별 재무성과(억 원)	138	102	250	275	310	652
누계 재무성과	138	240	490	765	1,075	1,727

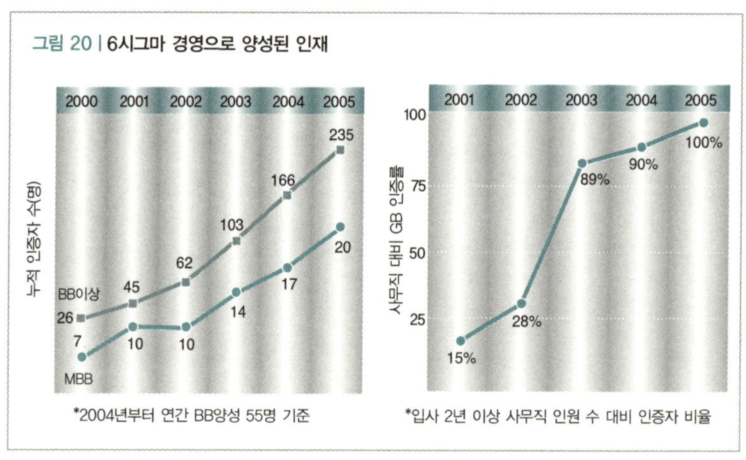
그림 20 | 6시그마 경영으로 양성된 인재

되었고, 2000년 9월부터는 **GS**칼텍스 소속 MBB에 의해 자체적으로 추진되고 있다. 2005년 말 기준으로 MBB 20명을 포함해 총 172명의 전문가가 양성됐다. **GS**칼텍스는 전체 4급 이상 대상자(사무직 입사 2년 이상) 대비 GB 이상 자격 보유자 비율이 100%에 달한다.

한국타이어 – PI 경영혁신

다음은 한국타이어의 조충환 대표이사의 2005년 신년 인사에서 발췌한 내용으로 한국타이어의 지속적인 경영혁신 노력을 읽을 수 있다.

"급변하는 경영환경에 효과적으로 대응하기 위해 경영혁신을 지속적으로 추진해 나갈 것입니다. 2005년에도 중국 TOP(Total Operational Performance: 통합 원가 절감 프로젝트) 확산, 연구소 PLM(Product Lifecycle Management: 제품 수명 관리) 시스템 구축, 지속적인 TPM(Total Productivity Management: 생산성 혁신 관리) 활동 등을 통해 생산성 향상, 원가 절감의 노력을 한층 더 강화하는 한편, 지식경영의 확산, 물류 부문의 혁신, 내부 의사 결정 체계의 개선을 통해 진일보된 역량을 갖추어 나가겠습니다.

또한 글로벌 경영을 더욱 확산, 심화시켜 나갈 것입니다. 한국타이어는 지난해 체계적 글로벌 경영을 위한 글로벌 스태프조직 및 지역별 책임경영을 위한 지역사업부제로의 조직개편을 단행해 글로벌 경영의 기반을 강화했습니다. 앞으로 변화된 조직을 이끌어나갈 역량을 갖춘 인재 발굴과 양성을 위해 지속적으로 노력할 것입니다. 마지막으로 '시장지향적 경영'을 지속적으로 강화하겠습니다. 이미 성숙기에 접어든 타이어산업에서 양적 팽창을 통한 성장은 더 이상 의미가 없습니다. 한국타이어는 2005년에도 지금까지의 성과와 상기의 노력을 바탕으로 '수익성에 기반한 성장전략(Profitable Growth)'을 지속하여 국내외 공히 인정받는 '글로벌 리딩 기업(Global Leading Company)'이 되고자 노력하겠습니다."

한국타이어는 창립 60주년인 2000년을 기점으로 PI를 통한 대대적인 경영혁신을 수행하고 있다.

한국타이어의 경영혁신은 2000년 초 글로벌 전략계획 프로젝트(Global Strategy Planning Project)로 시작했다. 이 프로젝트에서 글로벌 기업으로 거듭나기 위한 한국타이어의 경영혁신 청사진을 제시했다.

당시의 한국타이어의 시장 상황 및 경영 상태는 안정적인 내수 시장(금호타이어와 과점 형태)을 기반으로 꾸준히 성장하고 있었다. 수익성 측면에서도 9.2% 정도의 나쁘지 않은 영업이익률을 달성하고 있었다. 해외 시장에서도 중저가 중심의 브랜드로 글로벌 기업들과의 경쟁을 피하면서 나름대로의 위치를 고수하며 생산성 위주의 경영 형태를 이루고 있었다. 이런 안정적인 기조가 2000년대에 들어서면서부터 변화되기 시작했다.

공급과잉 상황이 나타나고 글로벌 기업들의 중저가 시장 침투 등의 변화가 일어나면서 경영위기를 느끼게 되었다. 이러한 상황을 타개하기 위해 경영혁신 프로젝트를 시작하게 되었다. 이 프로젝트를 통하여 시장 변화에 맞춰 전사에 걸쳐 있는 내부 프로세스를 4개의 가치사슬과 15개의 프로세스 사슬로 재설정했다. 4개의 가치사슬 중 주의 깊게 보

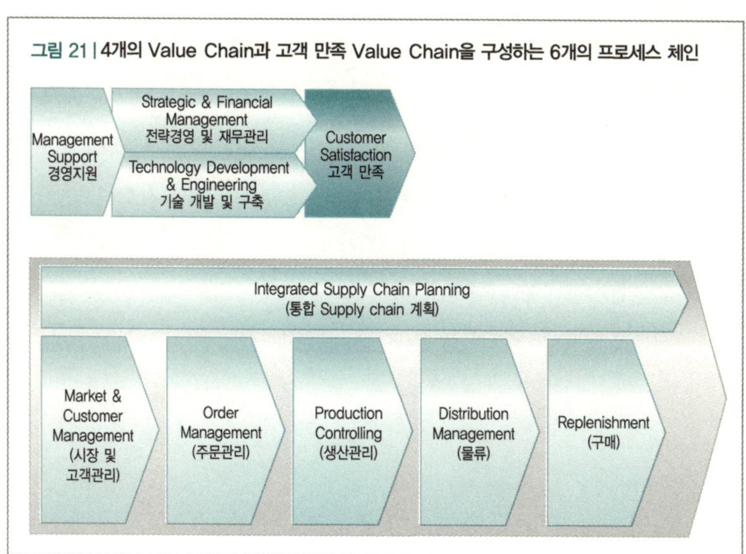

아야 하는 것이 '고객 만족'이다. 이는 지금까지 우선시 되었던 생산 중심의 구조를 고객 중심의 사고와 시장 중심의 프로세스로 전면 탈바꿈하는 전기를 마련했다.

이와 같이 기존의 경영 형태를 전면적으로 바꾸는 작업은 단순히 프로세스만 바뀌어서 이루어지는 것은 아니다. PI(경영혁신)의 3대 축인 프로세스, 조직, 시스템의 3박자가 동일한 전략 목표를 갖고 변화되었

"……한국타이어는 지난 몇 년 간 관리 중심의 사고방식에서 탈피하여, 시장과 고객을 중시하는 기업으로 탈바꿈하기 위해 강도 높은 노력을 지속해 왔습니다. 앞으로도 한국타이어는 소비자의 입장에서 품질, 가격, 서비스 그리고 브랜드 등 모든 경영 활동 요소들을 바라봄으로써 시장과 고객에게 한발 더 가까이, 고객과 함께 숨쉬는 기업으로 성장하겠습니다……"

(2005년 1월 조충환 대표이사 신년 인사말 중에서)

을 때만 가능하다. 한국타이어도 프로세스 변화와 동시에 조직 혁신 프로젝트를 추진했다. 또 이를 수용할 수 있는 시스템으로 글로벌 ERP 인 SAP시스템을 도입했다. 또한 15개의 핵심 전략과제와 31개의 실행 과제를 도출해 3단계에 걸쳐 실행되었다.

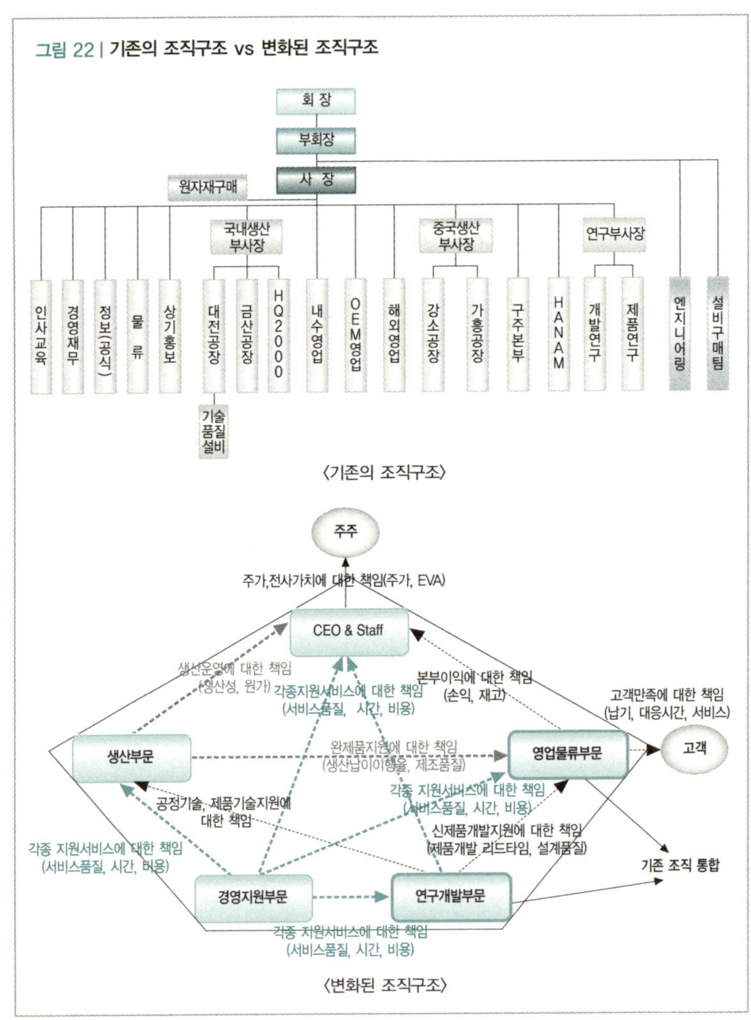

2000년 7월에 시작한 1단계는 본사와 미주법인을 대상으로 15개월 간 수행되었다. 이후 6개월간의 안정화 단계를 거쳤다. 2단계로 중국 사업장과 글로벌 판매법인의 롤 아웃(roll out)을 실행했으며 3단계에선 연구개발 부문의 혁신을 단행했다. 이와 같은 변화로 현재 한국타이어 는 전례에 없는 호황을 누리고 있다. 또 개선된 경영 실적을 바탕으로 끊임없는 변화를 추구하고 있다. 그 변화의 중심은 조충환 대표이사 인사말에서 나타나듯이 고객, 시장 중심으로의 변화다.

이제 한국타이어는 1기 PI를 마치고 2기 PI를 준비 중에 있다. 2기 PI 과제는 글로벌 공급망(Global Supply Chain) 통합을 목표로 준비하고 있다. 1단계 경영혁신 수행 후 변화된 모습을 표와 그림으로 간략히 소 개한다(표 2~4, 그림 23, 24 참조).

표 2 | Profitable Growth 측면

PI 추진목표	KPI	2001년	2002년	2003년
매출액 증가	매출액(억 원)	16,238	18,586	19,991
경상이익률	경상이익률(%)	410(2.5%)	742(3.9%)	1,436(7.2%)

표 3 | 대 고객서비스 강화 측면

PI 추진목표	KPI	2001년	2002년	2003년
납기적중률 향상	생산납기 준수율	75%	92~96%	97.5%
	Order Fulfillment Time	N.A	47일	49.6일
ATP(납기응답)	On Time Delivery	N.A	68%	74.2%
판매생산 계획 Lead Time 단축	연간 판생계획 Lead time	30일	20일	N.A
	12주 판생계획 Lead time	15일/월	4일/주	3일/주

PI 추진 목표	KPI	2001년	2002년	2003년
재고회전율 (완제품, 원부재료)	재고일수(완제품)	37.6일	26.8일	16.5일
	수입원자재 재고	N.A	32.6일	30.1일
	재고정확도(완제품)	N.A	98%	99.8%
업무생산성 향상	Order Tracking 시간	N.A	Real Time	Real Time
	구매처리시간 단축	3일	1일	1일

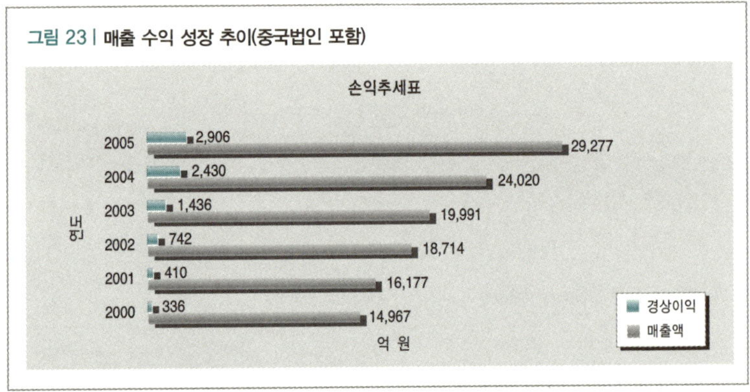

그림 23 | 매출 수익 성장 추이(중국법인 포함)

*2005년 매출액, 경상이익(연결 기준임)

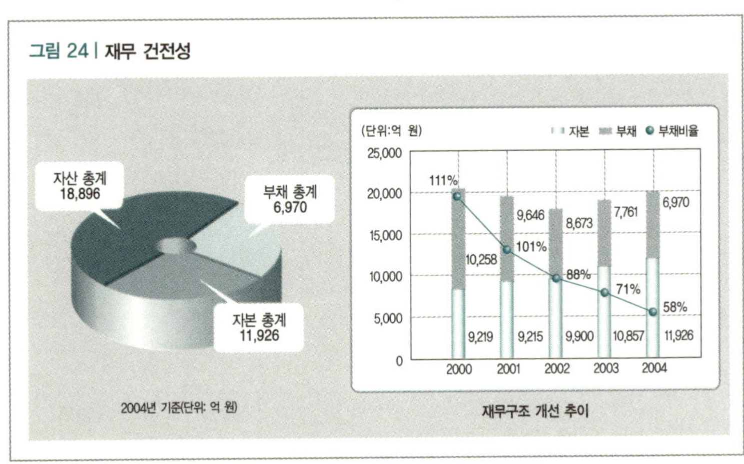

그림 24 | 재무 건전성

마지막으로 본 프로젝트에서 얻은 교훈은 다음과 같다.

변화와 혁신의 내용에 대한 전사적인 공감대 형성
- 프로세스 오너 선정, 중점 혁신과제 수행, 현업 중심 슈퍼 유저의 운영
- To-Be 프로세스를 운영할 우수 직원을 프로젝트 팀원으로 선정
- 혁신에 대한 오너십을 담당 임원에게 부여하여 책임 수행/임원들의 적극적인 참여

To-Be 프로세스의 명확한 목표 설정
- To-Be 프로세스 구현을 위한 실질적인 KPI 선정 및 목표 명확화, 조직 개인별 성과보상 연계
- 통합 테스트 단계에서의 To-Be 구현 프로세스에 대한 검증

계획 단계부터 구현까지의 일관된 프로젝트 계획 수립
- 수립된 마스터 플랜을 기본으로 단계별 일정 준수 및 인력 투입 효율화
- 단계별로 컨설팅사와 벤더(Vendor)사의 경험을 반영한 참여 범위 명확화

충분한 테스트 기간 확보: 순차적, 반복적으로 다양한 경우의 테스트 수행
- 빅뱅(Big Bang) 구현에 따른 리스크를 줄이기 위해 구현 기간의 30%를 테스트 기간으로 사용
- To-Be 프로세스상에서 발생된 모든 케이스에 대한 테스트 수행

STX조선-PI 추진 사례

조선업의 현황

한국의 조선업은 세계적인 경쟁력을 기반으로 국가산업 발전의 핵심 동력으로 자리잡아왔다. 지난 2월 산은 경제 연구소의 '주요 국내산업

경쟁력 종합평가'에 따르면, 국내 산업 가운데 국제경쟁력이 가장 막강한 부문을 조선업종으로 분석했다. 조선업은 세계 시장 지배력과 가격 경쟁력에서 최상위, 기술력 등 비가격 경쟁력에서 '상위' 등 주요 평가항목에서 가장 좋은 평가를 받았다. 이러한 평가에는 국내 조선산업의 해외 시장 점유율이 2001년 30.5%에서 2005년 상반기 40.9%까지 올랐고 가격 경쟁력도 일본과 중국에 비해서는 다소 우위, 유럽에 비해 절대 우위에 있는 점 등이 고려되었다. 한국 조선업의 경쟁력은 크게 기술 경쟁력과 원가 경쟁력으로 구분할 수 있다. 기술 경쟁력 측면에선 레드오션형 경쟁에서 탈피하여 고부가가치 선박건조에 역량을 집중, 세계 조선업을 선도하고 있다. 한편 원가 경쟁력은 지금의 한국 조선업을 성장시킨 주요 성장 동력이나 현재는 정부의 전폭적인 지원을 등에 업고 있는데, 한국의 아성에 도전하고 있는 중국 조선업으로 인하여 또 다른 전환기를 맞이하고 있다. 이러한 환경 변화는 공법개선, 현장 기술혁신 등 부문적으로만 진행해 오던 개선 활동에 한계성을 인식시켜 주었으며, 경영 활동 전반에 미래 예측력을 확보할 수 있는 전사 차원의 경영혁신 활동을 추진하도록 만든 요인이 되었다.

이러한 국내외 조선업의 환경 변화 아래에서 STX조선의 경영혁신의 동인은 무엇일까?

현재 STX조선은 건조 능력 세계 6위, 도크 Batch 회전율 세계 1위의 위상을 확보하고 있다. 그러나 2001년 대동조선 인수 이후 3.6배나 커진 급격한 외형 성장은 기존의 모든 업무 프로세스 및 전사 시스템의 변화를 필요로 했으며, 경영혁신(PI 추진)을 통하여 연간 70척 이상의 선박을 건조할 수 있는 프로세스와 시스템을 확보하고자 했다.

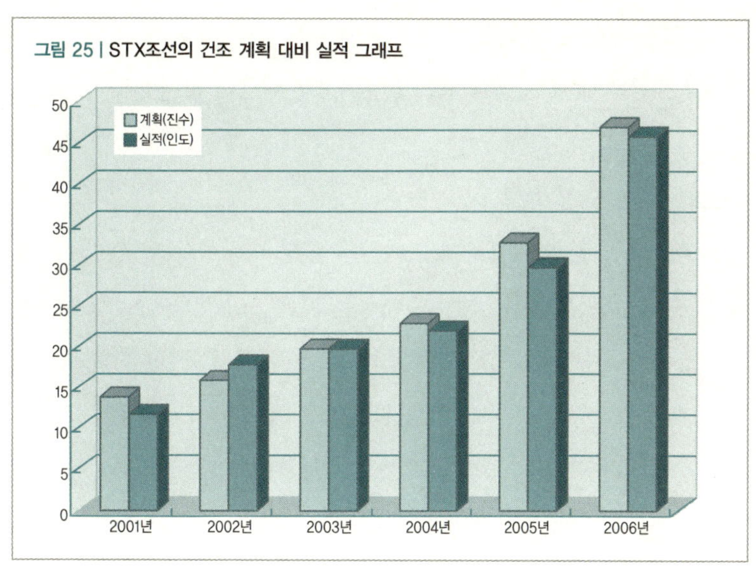

과거의 업무 방식은 설계 도면 기반의 수작업 업무 처리 형태를 가지고 있었으며 이는 현재의 증가된 건조척수하의 경영 활동에 커다란 장애요인이 되었다. 특히 급격한 외형 성장과 더욱 복잡하고 불확실한 경영환경 하에서 현재 업무의 비효율성과 부정확한 정보는 미래에 대한 예측 및 대응방안 모색을 불가능케 했다. 이러한 요인들이 주요한 혁신 동인이었다. 모든 절차에 시스템을 적용, 투명성을 확보하고 전사의 계획 기능을 향상시키는 등 '월드 베스트 조선소'로 거듭나기 위한 노력이 이어졌다. 변화의 시작은 늘어난 건조선박을 대응할 수 있는 새로운 개념의 도입을 시도한 설계 BOM[Bill of Material: 부품 명세표 또는 자재 명세서라고 하며, 모든 품목에 대해 상위품목과 이를 구성하는 하위품목(부품)의 관계와 사용량, 단위 등을 표시한 List나 도표 또는 그림)] 관리 체계 구축, 조달 부문의 MRP 도입, 원단위 관리를 통한 생산 부문 관리 수준의 획기적 향상 등 전사 차원의 최적화로 혁신의 폭과 범위를 정했다. 각 부문의 주요한 변화 모습을 살펴보면 다음과 같다.

마스터 BOM 도입 배경

일반적으로 조선업은 프로젝트 기반의 운영 방식을 갖고 있다. 견적, 설계, 구매, 생산, 물류, 정산에 이르는 모든 프로젝트 라이프 사이클의 프로세스가 전세계적으로 동일하고 오늘날까지 큰 변경 없이 진행되어 왔었다. 또한 전세계 조선업을 선도하는 한국의 프로세스는 그 자체로서 최선의 업무 형태라고 할 수 있었다. 그러나 중국의 선박 설계 및 건조 기술의 비약적 도약과 대규모 도크 건설 등으로 한국 조선업은 새로운 도전에 직면하게 되었다. 특히 STX조선은 건조 척수의 급격한 증대와 품질 및 원가 경쟁력 확보의 어려움을 겪고 있었으며 이를 타개하기 위해 조선업에 맞는 BOM 개념을 도입하게 되었다.

기존에는 한 척의 배를 수주할 경우, 설계자는 기존 건조선박과 사양이 동일한지를 파악하고, 변경이 필요하면 기존 설계 도면에서 재설계 부문을 결정하여 도면 설계를 수행하게 된다. 그리고 도면 설계를 수행하면서 선박의 부문별 생산이 동시에 진행되는 프로세스로 운영된다. 설계를 할 때는 제품 구성정보 측면에서 구조화해서 설계하지 않고 시스템 위주, 즉 단위 기능 위주의 설계를 수행하므로 하나의 시스템이 바뀌면 전체 선박의 타부분에도 영향을 미친다. 이로 인해 대규모의 설계 변경이 불가피하다. 선박 수주시마다 이 같은 대규모의 설계 변경으로 업무에 과부하가 발생하고 재설계에 따른 오류로 인해 생산품질이 낮아졌다.

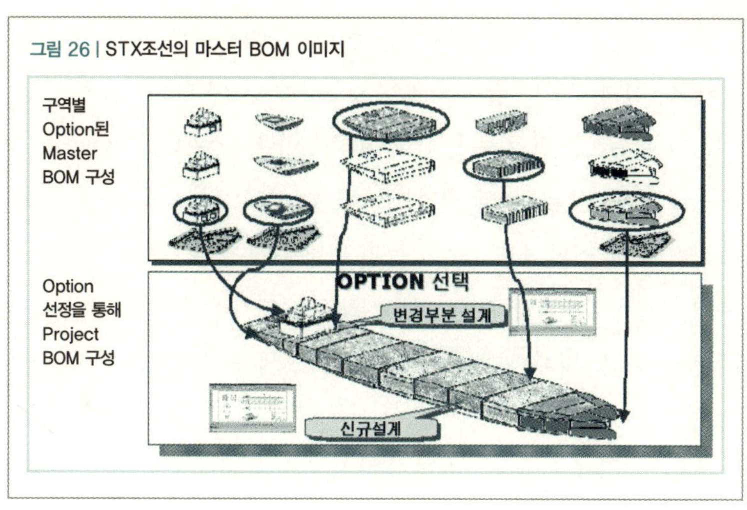

따라서 주력 선종의 선박을 표준화하여 재설계 감소, 품질 향상 및 설계 시수의 획기적 절감을 목적으로 BOM체계를 도입했다. 특히 가장 전형적이고 표준화된 선박을 기준으로 설계 범위를 조기에 결정하고 최소화할 수 있는 마스터 BOM(표준제품구조정보: 가장 전형적이고 표준화된 제품을 기준으로 만들어진 BOM으로 이를 이용하면 설계 생산성 향상에 큰 도움이 됨) 체계를 도입하게 되었다.

마스터 BOM의 추진 방향은 무엇인가?

마스터 BOM을 구성하고 이를 활용해 선박을 건조하고자 다음과 같은 추진 방향을 정했다.

첫째, 부품의 표준화가 필요하다. 조선업에서는 선주의 다양한 요구사항을 충족하기 위해 동일한 부품도 프로젝트에 따라서 다른 부품으로 분류하는 것이 빈번했다. 이를 표준품과 비표준품으로 나누고, 표준품을 확대해서 마스터 BOM의 활용도를 높일 수 있어야 했다.

둘째, 설계 단위와 범위에 대한 재조정이 필요하다. 기존의 설계는 시스템 위주로 선박 기능 중심의 설계가 이루어져왔다. 이에 따라 각 시스템 설계 인력의 부분 최적화는 될 수 있었으나 전체 최적화에 어려움이 많았다. 단위 시스템 기능의 변경 사항이 발생하면 다른 시스템의 변경을 수반하고, 이로 인한 선체 설계도 바뀌게 된다. 이를 해결하기 위해서는 BOM체계에 맞도록 도면 설계를 세분화하고 재분류하는 작업이 필요하다.

셋째, 선주마다 상이한 요구사항 차이를 최소화할 수 있도록 해야 한다. 고객의 요구사항을 지금까지의 선박 수주 기록에 의해서 체계화시키고 분류했다. 사전에 원하는 요구사항의 분류표를 작성해 선주의 다양한 요구를 STX조선이 원하는 사양 항목으로 수렴시키고자 하는 노력을 동시에 진행했다. 영업 단계에서 선주의 요구사항을 무조건 받아들이는 것이 아니라, STX조선의 강점을 부각할 수 있는 사양을 제시, 능동적인 영업이 가능하도록 했다. 이렇게 함으로써 마스터 BOM의 사양에 부합하는 확률을 높이고 설계의 변경 범위를 줄이도록 하며, 기존 생산 기술의 변경 없이 건조가 가능하도록 한 것이다.

마스터 BOM 체계 도입을 통해 얻는 것은 무엇인가?

첫째, 동일한 선박에 대한 설계 작업 시수의 감소다. 즉 동일 선박이라고 하더라도 사양의 일부 변경으로 설계 시수 투입이 불가피하고, 이로 인해 설계 인력의 과부하가 지속적으로 발생했다. 마스터 BOM체계의 도입으로 설계가 필요한 부문과 그렇지 않은 부분을 품목 단위에서 파악할 수 있게 되었다. 또 이를 설계 계획에 정확하게 반영할 수 있게 됐다. 이와 함께 최소의 설계 변경으로 설계 인력의 투입을 줄이는 효과가 있다.

둘째, 설계 변경 사항이 줄면 건조 품질의 향상을 도모할 수 있다. 건조시의 공법 개선에도 불구하고 품질에 문제가 발생하는 이유는 많은 외주 인원과 잦은 설계 변경으로 생산 효율이 떨어지기 때문이다. 동일한 작업을 반복하면 생산 능력이 향상되지만 선박마다 다른 식의 생산 방식을 요구한다면 생산 능력 향상을 기대하기 힘들다. 이는 건조 품질과 직결되기 때문에 매우 중요하게 다루어져야 한다. 건조 과정에서의 품질은 선박의 수명뿐 아니라 안전, 그리고 나아가 재구매에도 막대한 영향을 미치기 때문이다.

셋째, BOM을 활용하여 프로젝트의 예산관리뿐 아니라 프로젝트 진행상의 원가 예측의 정확도를 높일 수 있다.

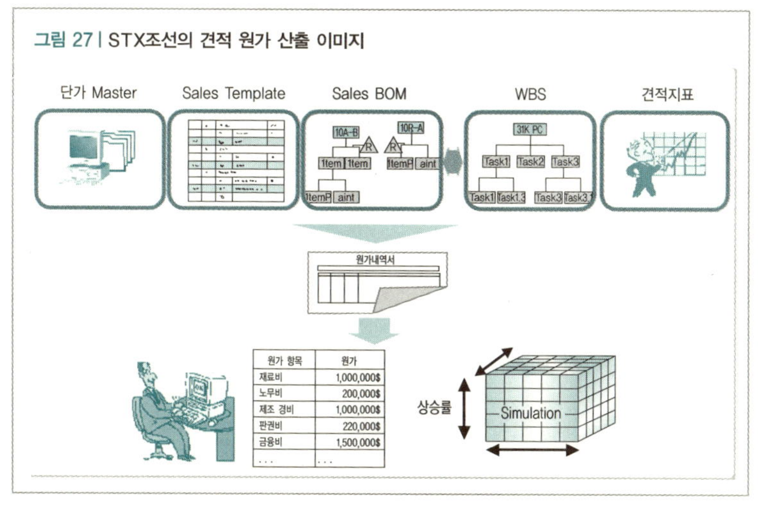

그림 27 | STX조선의 견적 원가 산출 이미지

넷째, 마스터 BOM을 이용한 견적 원가 산정 및 관리가 가능하다. 선주가 원하는 사양을 미리 준비하고 이를 선택함으로써 해당하는 마스터 BOM이 선정되도록 했다. 이렇게 함으로써 마스터 BOM 및 라우팅(Routing: 작업공정 정보)을 통해 재료비 및 노무비가 자동 갱신돼 견적원가가 자동으로 계산된다. 이를 통해 견적원가 산정 시간이 획기적으로 줄었고 좀더 합리적인 원가관리가 가능해졌다.

구매단가 관리체계 구축

기존에는 품목 표준화 부재 및 세부명세 관리 부족, 유사호선에 대한 제반 정보관리 부재, 기준 구매단가 관리의 어려움 등으로 인해 프로젝트 견적원가를 산출하기 위해 견적 때마다 동일한 업무를 반복적으로 수행했었다. 이로 인해 견적원가의 신속한 제출과 수주 여부를 결정하기 위한 손익의 정확한 판단이 어려웠다. 이를 해결하기 위해 품목 표준화, 마스터 BOM에 대한 구성전략 및 원가의 상당 부분을 차지하는 재료비 구매단가의 상시 관리 필요성이 대두되었다. 다양한 유형의 자재로 구성된 조선산업의 경우, 품목의 성격에 따라 기준 구매단가의 관리 방식이 차별화된다. 수주부터 인도까지 약 2년간의 프로젝트 라이프 사이클의 진행 과정에 따라 구매단가의 추이를 분석, 기준단가를 결정할 수 있도록 다양한 유형의 데이터 관리가 필요했다.

이에 따라 자재에 대한 재료비 구성을 분석하여 80%의 재료비를 구성하는 전략 품목군과 20%의 비전략 품목군으로 나누어 관리체계를 분리했다. 전략 품목군에 대해서는 정확한 기준단가를 수립하기 위해 구매 견적업무와 통합되어 데이터가 관리되도록 업무 프로세스

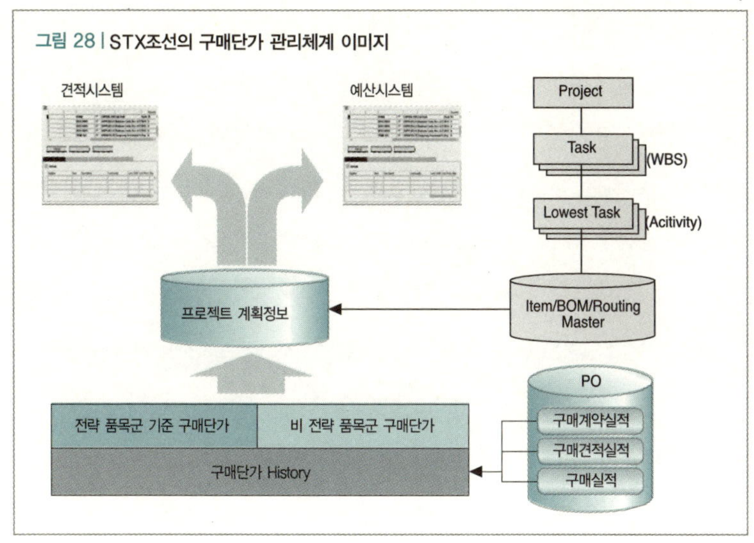

를 구축했다. 비전략 품목군에 대해서는 실적을 기준으로 연간 기준 단가를 관리하고 변경되는 환율 및 비용이 반영이 되도록 구성했다. 견적, 실적, 계약, 시장 단가 등 모든 구매단가는 통합적으로 관리되며 품목의 성격에 따라 가장 적합한 구매단가가 기준가가 되도록 설계되었다.

결과적으로 신속하고 정확한 견적원가를 산출할 수 있게 됨에 따라 시장 상황에 즉시 반응할 수 있었다. 또 지속적인 프로젝트 예산관리가 가능함에 따라 프로젝트 손익 예측 및 예측에 따른 사업계획 수립의 정확성을 높일 수 있었다.

BOM 및 표준 원단위 관리에 의한 생산 부문의 관리체계 향상

STX조선의 혁신 중 하나는 BOM 기반의 정확한 물량 관리와 표준 원단위 관리를 통한 생산 부문의 관리체계를 재정립하는 것이다.

생산 작업공정은 BOM 구조 및 관리체계에 따라 세분화, 표준화되어 제작품 단위의 라우팅으로 정의된다. 생산 작업체계는 BOM과 연계된 WBS(Work Breakdown Structure: 작업분류체계)/WBS 구조의 작업 단위(Activity)로 관리, 운영하게 된다. 또한 BOM 관리체계에 따른 생산 기준정보 관리를 위하여 부서 및 자원, 직종 등을 표준화했다. 정확한 물량 및 표준 원단위에 따라 라우팅의 시수 및 물량을 산정하고 WBS/Activity에 갱신돼 Activity 단위의 공기, 시수 및 물량 관리가 가능해졌다. 이는 표준화된 BOM 및 원단위 관리체계를 구성함으로써 기준정보 구성 시점을 획기적으로 앞당기고 정합성 높은 기준정보 관리를 통해 통합 생산계획 및 자재소요 계획, 생산관리의 정확도를 높이는 토대를 구축했다.

한편 선박건조의 기본 단위인 블록 관리 관점에서 Activity를 생성하고 부품 리스트의 대표물량을 토대로 생산 계획을 수립하던 기존 업무 방식은 BOM과 연계한 WBS 및 Activity 기반의 통합 생산계획 수립으로 발전했다. 정확한 물량 및 표준 원단위 등 기준정보에 근거한 통합 생산계획 수립으로 명확한 근거제시, 신속 및 정확한 계획 기능을 확보할 수 있게 되었다.

또한 급격히 증가하는 물량을 효율적으로 처리하기 위하여 APS(Advanced Planning & Scheduling) 시스템을 도입, 선진 ERP 패키지와 연계하여 시스템 및 데이터 활용도를 높였으며, 시뮬레이션 기능을 통한 생산계획 수립, 즉 형상관리를 통한 안벽, 도크, 정반 자동배치계획 및 각종 제약조건, 우선순위를 감안한 최적화된 자원계획 수립으로

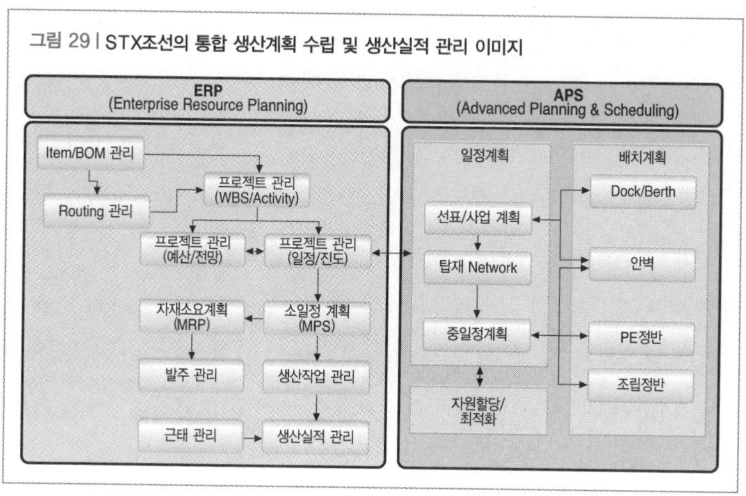

사전대응력을 강화했다.

협력업체에 대한 안정적인 물량 공급 및 장기적인 업체 육성을 위하여 중일정 계획 단계에서 사외 외주물량을 조기에 확정하고, 사내 외주물량은 소일정 계획 단계에서 확정했다. 이로 인해 협력업체에 장기적인 연속물량을 조기에 제공하며 전문화를 통한 품질 향상 및 원가 절감을 유도할 수 있었다.

이러한 생산 부문의 혁신은 결과만을 중시하던 관리 업무 형태를 생산 과정으로 확대하며 팀별·부문별 목표 대비 실적에 대한 명확한 기준을 제시했다. 그리고 이러한 변화들은 납기 준수를 위하여 전사의 자원이 비효율적으로 운영되던 낭비 요인들을 사전 예측 및 분석을 통해 개선했다. 이것이 STX조선이 경영혁신을 통해 경쟁력 향상을 이루려는 목적이다.

끊임없는 혁신을 위하여…

STX조선은 현재 50척 이상의 선박을 건조하고 있다. 이러한 성장으로 인해 야드의 물류 및 작업장의 작업 방식이 더 효율적으로 바뀌어야 한다는 필요성이 대두되었다. 지난 2004년부터 시작된 경영혁신 활동은 이러한 현재의 요구사항에 적극적으로 대응하기 위하여 시작되었으며 이제 한 가지씩 현장에 적용되고 있다.

앞에서 언급된 부문별 변화 주제는 STX조선 창사 이래 가장 혁신적인 변화다. 수작업 위주에서 시스템 기반의 업무처리로, 작업 단위의 상위 레벨 관리 수준에서 품목 단위의 실물 위주 관리로의 관리수준 향상은 어느 선진 기업에서 수행하고 있는 혁신보다 더욱 혁신적이다. 이러한 변화들을 통하여 조직의 문화도 명확한 목표를 기반으로 체계적인 업무 수행이 가능하도록 변할 것이다. STX조선은 그 동안 입고 있던 낡은 옷을 벗어버리고 성장한 몸에 맞는 새 옷으로 갈아입었다.

STX조선의 경영혁신 활동은 이제 본격적인 결실을 맺기 위한 단계에 와 있다. 프로세스의 재정립 및 조선에 맞는 시스템 구축으로 전사 구성원 모두 명확한 목표를 인식하고, 투명한 업무 처리 환경을 만들어가고 있다. 앞으로는 이러한 급격한 변화에 대한 조직의 순응력과 변화 의지를 지속적으로 유지, 발전시켜 나가야 하는 것이다.

다음커뮤니케이션 PI/ERP

닷컴 기업의 PI

인류 최대의 발명품 중 하나라는 인터넷은 우리의 삶에서 차지하는 비중이 너무나 커져버린 핵심 미디어가 되었다. 지난 수년 간 국내에서는 초고속 통신망의 빠른 확산과 컴퓨터의 보급 확대, PC방 등 관련 인프라의 구축이 급속히 진행되면서 인터넷을 기반으로 하는 새로운 인터넷 기업들이 빠르게 성장했다.

국내 인터넷 기업들의 성장을 이야기할 때 다음커뮤니케이션을 빼놓을 수 없다. 다음커뮤니케이션은 1997년 국내 최초의 무료 웹메일을 통해 선풍적인 인기를 모으며 PC 통신 이용자들을 급격하게 인터넷으로 끌어들였다. 1999년 지금은 국내 최대의 커뮤니티로 자리잡은 온라인 커뮤니티 '다음 카페'를 선보이고, 그 해 7월 포털 사이트 www.다음.net를 탄생시킨다. 그 후 성공적인 코스닥 등록, 인터넷 광고의 급격한 성장, 쇼핑몰 서비스 등 다양한 서비스의 성공적인 제공, 미디어 서비스 제공, 온라인 자동차 보험시장 진출, 제주도 본사 이전, 라이코스 인수, 일본 진출 등 다음커뮤니케이션은 주요 사업 의사결정이 사회의 화제가 되며 인터넷 산업의 주요 아이콘으로서 산업의 패러다임 변화를 리드했다.

2005년 창립 10주년을 맞은 다음커뮤니케이션의 내외부 경영환경은 다음커뮤니케이션에게 새로운 과제를 부여하고 있었다. 외부 환경 변화 중 다음커뮤니케이션에 대한 가장 큰 위협은 포털, 검색, 커뮤니티 등 다음커뮤니케이션이 제공하는 핵심 서비스 부문에서의 경

그림 30 | 다음커뮤니케이션의 PI/ERP 프로젝트 추진 배경 및 목적

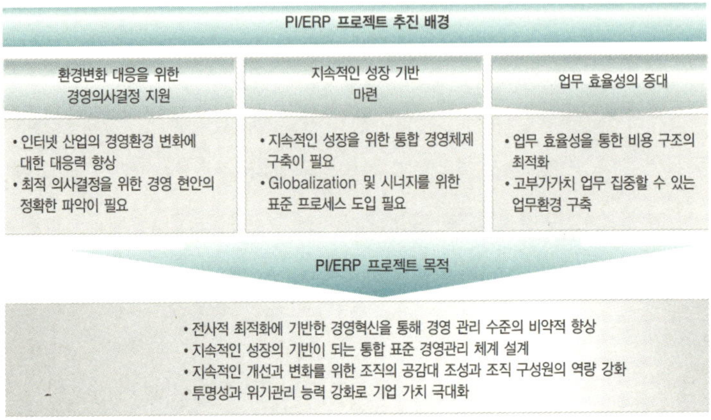

쟁심화였다. 그리고 다른 인터넷 기업의 사업 확장 및 대기업의 시장 진입이 이루어 지고 있었다. 경쟁의 심화와 함께 한 명의 인터넷 사용자가 여러 업체에 회원으로 가입하고 있는 불안정한 고객 구조 및 업체별 제공 서비스의 차별화 약화로 인터넷 기업들의 성장률이 둔화될 것으로 예상되는 등 다음커뮤니케이션은 외부 환경에 대한 대응이 필요했다.

외부 환경에 대응은 내부 경영환경을 바꾸는 것에서 출발해야 한다는 것을 인식한 다음커뮤니케이션은 PI 및 ERP 구현을 추진하게 된다. 실제로 회사 설립 이후 10년의 시간은 빠른 성장만을 위한 기간으로서 내부적인 운영의 효율화를 추진할 기회가 없었다. 다음커뮤니케이션은 PI/ERP의 목표를 내부 경영 관리 수준의 업그레이드로 설정했다.

PI/ERP 준비 및 프로젝트 시작

PI/ERP 프로젝트의 준비과정은 마치 별도의 프로젝트와 같이 많은 노력을 기울여야만 했다. 가장 큰 부분은 PI/ERP 프로젝트를 통해 어느 업무 영역을 개선할 것인가를 정하는 것이었다. 그리고 어떠한 ERP 솔루션을 선정해야만 PI 효과를 극대화할 수 있는지를 정해야 했으며, PI/ERP 전 과정을 함께 할 컨설팅 파트너를 정하는 문제가 있었다. 이러한 준비과정은 2004년에 6개월 이상의 과정을 거쳐 이루어졌다.

프로젝트 범위는 각 부문의 현업 담당자와의 토의를 통해 실질적인 개선 효과를 빠른 시간에 얻을 수 있는 재무관리, 관리회계, 인사관리 분야로 한정하고, 각 부문에 대한 대략적인 프로세스 및 하위 업무를 정의한 후 각 하위 업무별로 프로젝트의 범위에 어떠한 방식으로 포함되는지 일일이 정의했다. 또한 시스템 측면에서는 어떠한 시스템이 구현되는지에 대한 개념적인 청사진과 함께 기존 영업 시스템과의 연동에 대한 목표를 수립했다.

솔루션 및 컨설팅 파트너는 별도로 분리하지 않고 한번에 결정하는 방식을 택했다. 컨설팅사들은 각각 다음커뮤니케이션에 최적이라 생각되는 ERP 솔루션을 제안하는 방식으로 제안에 참여했으며, 다음커뮤니케이션은 솔루션으로는 오라클 ERP, 컨설팅 파트너로서는 IBM 글로벌 비즈니스 서비스를 선정했다.

2005년 1월 재무회계, 관리회계, 인사관리, 경영정보시스템 팀 등 관련 부문의 팀장급 핵심 인력과 IBM 글로벌 비즈니스 서비스의 컨설턴트로 구성된 PI/ERP TFT가 8개월에 걸쳐 PI/ERP 프로젝트를 시작했다.

중점 추진과제와 경영진의 지원

PI/ERP TFT는 PI의 비전을 수립하기 위한 다양한 활동을 벌여나갔다. 그러한 활동들은 구체적으로 조직, 프로세스, 시스템의 분석, 경영진 및 각 부문 현업들의 현재 문제점과 개선에 대한 요구사항 파악, 선진 사례 분석, 각종 내부 자료 검토 등 다음커뮤니케이션이 앞으로 변해나가야 할 구체적인 모습을 그려내는 작업이었다.

TFT는 프로젝트 범위에서 명시된 재무회계, 관리회계, 인사관리 영역에서 10개의 중점 혁신과제를 도출하게 된다. 이 핵심과제들은 통합 인사 시스템의 구현을 통한 대임직원 인사서비스 질 향상, 전사 통합 재무 프로세스 구현, 효과적인 경영정보 체계 수립 등 다음커뮤니케이션의 혁신 후 모습을 담고 있었다.

전사적인 혁신 활동의 추진시, 가장 중요한 점은 혁신 활동의 실행력이다. 중점 혁신과제에서 제시하는 미래 모습은 다음커뮤니케이션이 가지고 있는 문제들을 모두 해결한 후의 모습이지만, 실제로 그러한 문제점들 하나하나의 해결은 결코 쉽지 않으며 전사적인 노력이 필요했다. 그리고 그러한 노력의 전제는 경영진 이하 전체 직원들의 지원이었다.

중점 혁신과제의 구현을 위한 전사적인 공감대와 지원 확보를 위해 다음커뮤니케이션 TFT는 워크숍을 추진했다. 이 워크숍에는 경영기획 부사장 이하 모든 본부장과 전사의 팀장급이 모두 참석하여, 각각의 과제 내용과 정량적인 목표치인 KPI(Key Performance Indicator)와 함께 과제의 최고 담당자, 즉 과제 오너를 선정, 발표했다.

TFT에 참여하고 있던 실무자들은 자신들이 2개월에 걸쳐 준비한 과

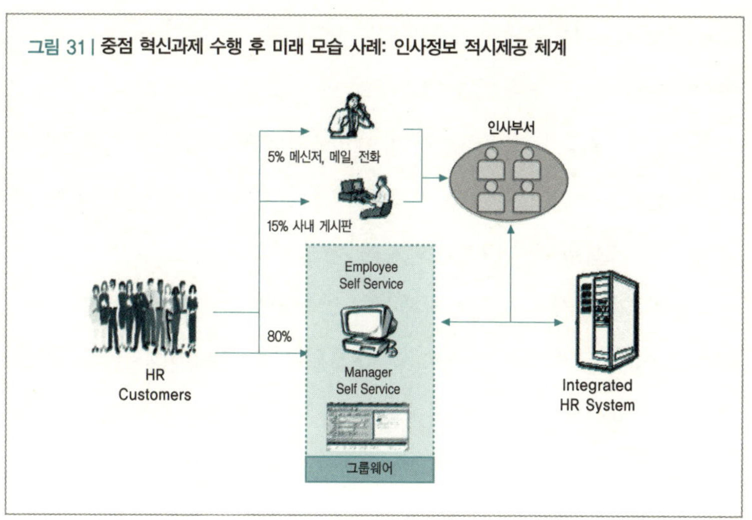

제 내용과 함께 과제 오너를 발표했다. 과제 오너로 선정된 관련 본부
장들은 과제 내용에 대한 지지와 함께 강력한 추진을 약속함으로써 변
화에 대한 전사적인 노력이 시작된다.

수평적 조직문화, 커뮤니케이션, PI/ERP

다음커뮤니케이션에는 직책에 따른 별도 호칭이 없다. 모든 임직원들
은 '아무개 님'으로 불린다. 모든 직원이 자신의 맡은 책임을 다한다.
그리고 각각의 창의적 아이디어와 의견이 존중되는 '수평적 조직문화'
가 정착된 조직 모습이 다음커뮤니케이션이 추구해 온 것이었다.

벤처기업은 빠른 의사결정에 의해 성장과 추락이 결정된다. 적시에
이루어진 최적의 경영의사결정을 통해 10년간 성장해 온 다음커뮤니
케이션에는 빠른 의사결정을 위한 의사소통 수단으로 e-메일과 메신저
를 활용한다.

PI/ERP TFT는 수평적 조직문화와 빠른 의사결정을 지원하면서, 효율성과 전사 최적화를 위한 필수적인 업무를 규정하는 PI/ERP와의 조화를 고민하게 되었다. 10년 차 기업으로서의 관리기반과 조직문화 간의 최적 조합을 찾고자 하는 노력은 위임전결 규정의 정비, 그룹웨어의 도입과 그룹웨어와 ERP의 연동을 통해 구체화된다.

TFT는 의사결정 속도를 저해하지 않으면서 기준 중심의 업무처리가 이루어질 수 있도록 위임 전결 규정을 대폭 개정했다. 로터스 노츠 기반의 그룹웨어 시스템은 이러한 업무 처리 과정을 지원하도록 설계 및 구현되었다. 그리고 이 그룹웨어 시스템은 ERP의 재무회계 시스템과 연동되어 결재에서 회계처리까지 일관되게 처리되며, 모든 사용자가 전자시스템상에서 업무를 신속하게 처리할 수 있게 되었다.

다음커뮤니케이션은 프로세스 정립 및 시스템 구현을 통해 수평적 조직문화와 빠른 의사결정을 지원하면서도 일관성과 이력관리가 가능한 업무처리 기반을 구현했다.

통합 재무관리를 통한 경영의사결정 지원

재무관리 부문에서는 신속한 재무 결산을 통한 경영의사결정 지원이 중점 혁신과제로 설정되었다. 신속한 재무 결산의 기반을 위해서는 기간 시스템과의 연동을 통한 일마감 체계의 구현을 핵심 구현 요소로 보았다.

중점 추진과제 선정 이후 PI/ERP TFT는 기간 시스템과의 연동을 위해 현업과 TFT 요원이 함께 참여하는 인터페이스 팀을 별도로 구성했다. 4월에 구성되어 8월의 신규 시스템 오픈 후까지 매주 정례 미팅을 통해 운영된 이 인터페이스 팀은 개발 일정, 인터페이스 방식 확정, 현업 시스템과 ERP 시스템의 개발, 테스트 공동 수행, 오류 해결 등을 TFT팀과 현업 시스템 담당 팀이 함께 수행하는 핵심 추진체가 되었다.

인터페이스의 성공요인은 안정적인 기술 설계, 효과적인 의사소통, 팀워크였다. ERP 시스템을 중심으로 결제 시스템, 광고 시스템, 쇼핑몰 시스템, 검색 시스템 등 다양한 기간 시스템을 연동하는 것은 많은 기술적인 대안에 대한 검토와 함께 인터페이스에 참가하는 주체들의 다양한 의견을 효과적으로 조율하여 결과로 이끌어내는 작업이다. TFT는 4개월 간의 구현 과정을 성공적으로 이끌었다.

재무회계 부문의 주요 변화 요소들은 채권/채무 관리, 자금관리, 고정자산관리 등의 영역에서 강화된 관리 요소들과 프로세스를 지원하는 시스템 영역을 확대하는 것이었다. 또한 채권/채무 관리와 자금계획/실적의 연동과 같이 통합적인 관점에서 연계해야 할 부분들을 고려해 프로세스와 시스템을 설계하는 것이 재무회계 팀의 핵심 업무가 되었다.

이러한 재무회계 프로세스 재설계와 시스템 구축을 통해 다음커뮤니케이션은 결산 일정을 50% 단축했다. 자금 부문은 월자금계획 수립 일정을 80% 단축했고, 자금계획의 정확도를 획기적으로 향상시켰다. 강화된 채권/채무 미결관리를 통해 영업 부문의 불필요한 수작업을 제거했다. 이러한 재무회계 부문의 변화는 경영 의사결정 지원을 강화하는 결과를 가져왔다.

다차원 수익성 분석정보 제공을 통한 전략적 의사결정 지원

PI활동을 통하여 통합 경영관리 체계 구현을 위한 '다차원 수익성 관리체계 구축'과 '경영계획 및 전략경영체계 구축' 등 두 가지 중점 추진과제를 도출했다. 타산업보다 환경 및 고객변화에 더욱 민감히 대응해야 하는 인터넷산업의 선도 기업으로서 중장기 전략에 의한 통합경영관리체계 수립이 우선 요구되었다. 그러나 현 상태의 급속한 변화에 대한 충격을 피하기 위해 PI과제 수행을 위한 단계적 접근을 시도했다. 먼저 통합재무관리 체계 구현을 위해 ERP를 통한 신속한 다차원 수익성 관리체계를 구축하기로 결정했다.

인터넷산업의 특성상 고객에게 제공하는 서비스 상품의 라이프사이클이 매우 짧다. 시장 및 고객 변화에 대응하기 위해 매일 새로운 서비스를 제공하고, 기존 서비스가 중단되는 현실에서 서비스별 수익성 분석정보는 다음이 시장 지배력을 강화하기 위한 기초자료 역할을 한다. 따라서 실제 서비스를 만드는 운영부서보다는 관리자를 위해 신속하고 정확한 수익성 분석정보 제공을 ERP 구현의 목표로 설정했다.

다차원 수익성 관리체계 구축을 위해서 세 가지 원칙에서 프로세스 및 모델을 설계했다. 첫째, 프런트 오피스(서비스제공 기간시스템) 및 재무회계의 통합성을 기반으로 한 전사 차원의 수익성 분석체계 수립이다. 기간시스템, 재무회계 및 관리회계·수익성 분석 프로세스의 유기적인 통합 없이는 실제 일선 서비스제공 부서에서 발생하는 정보가 체계적으로 집계되어 관리자에게 제공될 수 있는 환경 구현이 어렵기 때문이다. 둘째, 의사결정시 필요한 정보 수준에 대한 전사 공감대 형성이다. 비전 달성을 위해 CEO에서부터 사원까지 커뮤니케이션할 수 있는 정보에 대한 공감대 형성은 내부 역량을 집중하는 역할을 수행한다. 셋째, 실시간 기업(Real Time Enterprise)을 위해 정확성뿐 아니라 신속성을 강화해야 한다는 것이다. 인체의 손, 발과 같은 역할을 하는 프런트 오피스의 정보가 신속하게 백오피스, 특히 경영층에게 전달되어야 현재 상황에 대한 분석을 수행하고, 신속히 대응할 수 있는 의사결정을 할 수 있기 때문이다.

이러한 원칙 아래에서 조직별, 서비스별 수익성 분석체계를 수립하고, 프로젝트 팀 내의 재무회계파트, 인사파트, 경영관리본부 및 각 영업본부와 상위 수준 구현 모습에 대한 공감대를 형성했다. 이후 재무회계파트와 실제 정보집계의 수준, 주기, 역할에 대한 협의를 통해 전사 수익성정보 흐름을 구체적으로 정의하고, 각 영업본부와 원가배부 수준에 대한 협의를 통하여 서비스 별로 정확히 원가를 귀속시킬 수 있는 기준을 수립했다. 마지막으로 경영관리본부 내 정보 분석을 위한 경영정보시스템을 설계, 구현했다. 경영정보시스템에는 서비스별 재무정보 외에도 경영진에서 관심을 가지는 비재무적 정보를 포함함으로써, 경영층이 한 곳에서 필요한 회사 내 정보를 접근할 수 있도록 구현했다.

PI 및 ERP 구현을 통하여 서비스별 원가 수준의 정확도 향상으로 합리적 의사결정을 지원할 수 있는 체계가 마련되었고, 실제 월 실적정보 보고 기간이 50% 이상 단축되었다. 정보 수준을 고려하면 70% 이상 단축의 효과가 있었다. 그리고 경영정보시스템을 통해 별도의 보고 없이도 경영층이 원하는 시간에 직접 정보를 확인할 수 있는 접근 용이성이 보장되었다. 또한 수익성관리를 통해 통합경영관리 체계 구현을 위한 기반을 마련했다는 데 큰 의미가 있다.

인사 운영 업무의 효율화를 통한 임직원 서비스 만족도 제고

인사관리 부분은 인사 운영 업무의 효율화를 통한 임직원 인사 서비스 만족도 향상을 중점 혁신과제로 선정했다. 조직의 관리자들이 인사관리자로서의 역할을 효율적으로 수행할 수 있도록 지원하고, 조직의 구성원들이 핵심역량을 확보하여 조직에 몰입할 수 있도록 지원하기 위해서다.

10여 년의 역사를 가진 다음커뮤니케이션은 성장 위주의 회사 경영 전략으로 인해 인사관리를 위한 기반 체계가 일부 미흡하며, 직원 개인별 인사발령에 대한 정확한 이력 등이 시스템을 통해 관리되지 못했다. 이에 따라 PI/ERP TFT팀에 추가 전담 인력을 배치했으며, 추가 전담 인력은 약 5개월 동안 방대한 양의 데이터를 새로운 시스템인 오라클 ERP HR 시스템에 적합하도록 수집, 변환 등의 작업을 수행했다. 이를 통해 데이터의 이력관리 기반을 확보하고 정합성을 확보하게 되었다.

또한 PI/ERP TFT에서는 직원들이 관리자와 협의하여 본인의 경력을 관리하고, 직무와 관련된 역량을 효율적으로 향상시킬 수 있도록 교육훈련 체계를 상시 제공할 수 있는 시스템을 구현했다. 이를 통해 직원들이 카페, 검색, 한메일 등 핵심 비즈니스에 집중할 수 있도록 인사관리 부분의 지원서비스를 향상시킬 수 있었다.

인사관리 부분은 이러한 혁신과제 달성을 통하여 최고 경영층과 팀장 및 직원 등 계층별로 제공할 인사정보를 재정의했다. 또 가장 효율적인 인사정보 제공을 위하여 ERP와 그룹웨어(Employee Self-Service, Manager Self-Service) 및 경영자정보 제공시스템(Discoverer) 등 계층별 요구에 부합되는 정보를 적시에 제공할 수 있는 체계를 구축할 수 있게 되었다.

끝나지 않은 혁신 활동

2005년 8월 ERP 시스템 오픈 및 ERP 기반 재무결산, 관리결산을 성공적으로 마친 TFT에 남겨진 과제는 재설계된 업무프로세스의 정착과 시스템 안정화를 동시에 달성해야 한다는 것이었다. 또한 PI/ERP가 혁신 활동의 시작이지 끝이 아니라는 것을 TFT는 절감했다.

다음커뮤니케이션은 PI/ERP의 조속한 정착을 위해서 AMS(Application Management Service)를 IBM으로부터 도입했다. AMS를 통해 TFT에 참여했던 핵심 컨설턴트들이 프로젝트 종료 이후에도 다음커뮤니케이션에 상주하면서 현업 요원들과 긴밀히 협조하면서 안정화를 이루기 위한 전략을 선택한 것이다. AMS를 통해 빠른 시간 내에 PI/ERP가 안정화되었으며, 현업들의 변화에 대한 적응도 원만하게 이루어졌다.

인터넷 기업에게는 아직 생소한 기업혁신 활동을 추진한 다음커뮤니케이션의 PI/ERP 프로젝트는 경영관리 역량 강화를 통해 다음커뮤니케이션이 인터넷 산업의 선도 기업으로서의 위치를 강화할 수 있는 기반을 제공했다. 하지만 이는 그냥 얻어질 수 있는 것이 아니었고 경영진을 중심으로 한 모든 구성원의 적극적인 지원과 TFT의 헌신적인 노력을 통해 이루어진 값진 성과였다.

삼성SDI 공급망 혁신 사례

오늘날의 기업 환경

기업은 고립된 존재가 아니라 산업, 시장, 거래에 참여한다. 오늘날의 사업 환경은 기업간의 글로벌 경쟁을 심화시키고, 기업들을 e-비즈니스 환경으로 떠밀고 있기 때문에, 경쟁자들도 구매, 물류를 포함한 전반적인 공급망 관리를 e-비즈니스 환경으로 옮겨갔다.

글로벌화로 인해 조직과 파트너가 지역적으로 다변화되었고 이러한 다변화로 공급망 프로세스에 대한 더욱 빠른 대응이 요구되고 있다. 웹의 경제로 인한 새로운 시장과 새로운 거래 채널이 지속적으로 생성되고 있으며, 이처럼 끊임없는 시장 변화에 경쟁자보다 빠른 대응이 요구되고 있다. 기술의 발달로 인한 제품 수명주기 단축은 동일한 제품 안에 좀더 많은 기능을 복합화시킨 신제품을 지속적으로 개발하도록 요구한다. 소비자의 파워가 커지고 경쟁이 심화됨에 따라 이익은 잠식당하고 있으며 개별 소비자 또는 고객을 위한 맞춤화된 상품 및 서비스가 요구되고 있다.

하이테크(Hi-tech) 산업에서 인터넷, 유비쿼터스, 디지털 컨버전스로 대변되는 오늘날의 빠른 제품의 진화는 부품, SKU, 벤더, 파트너 수를 증식시켜, 업무 처리가 복잡해지고 시장에서의 성공에 대한 불확실성은 항상 악성 재고의 위험을 안고 있다.

하이테크 산업의 대부분 기업은 다음과 같은 해결해야 할 공통의 문제를 갖고 있다.

- 많은 종류의 신제품을 짧은 주기로 출시
- 디자인 및 개발 복잡도: 벤더, 제조업체로부터의 빠른 응답 요구
- 동일 시점에 여러 제품이 시장에 존재: SKU(Stock Keeping Unit: 재고관리의 기준 단위가 되는 단일 부품) 및 부품의 복잡도
- 수요 예측 및 제품 성공 여부 예측이 어려움
- R&D 투자 비용의 회수 기간을 매우 짧게 수립해야 함—가격 결정의 어려움
- 기회 손실 위험과 재고 부담 위험이 항상 공존
- 전체 공급망에 대한 응답 요구 시간이 짧아짐

또한 각 업무 부문별로도 다음과 같은 해결해야 할 숙제들을 갖고 있다.

- 생산 부문: 생산 및 선적 스케줄 준수의 어려움, 높은 재고 수준, 부정확한 Capacity 계획, 비용목표 달성의 어려움, 포괄적 의사 결정 지원 기능의 부족, 생산 유연성의 한계
- 엔지니어링 부문: 신제품을 제때 시장에 출시 못함, 설계 비용의 증가
- 물류 부문: 물류 추적의 어려움, 낮은 재고 회전율
- 영업 및 마케팅 부문: 고객의 요구사항 수용 능력 부족, 시장 축소 및 경쟁 심화, 프로모션의 영향에 대한 예측 불가
- 구매 부문: 구매 비용이 R&D의 경쟁우위 영역을 잠식

선진 기업들의 생존을 위한 공급망관리 개선 노력

경쟁에서 우위를 점하려는 기업들의 공통된 요구사항은 전체 공급망에 걸쳐 내외부 커뮤니케이션의 개선, 프로세스와 정보의 일치 및 개선을 요구한다. 이러한 공급망관리 개선 요구에 따라 선진 기업들은 다음과 같은 노력을 경주해 왔다.

- 고객 만족도 향상 및 고객 중심으로의 변화: 고객 요구에 대한 이해 강화, 새로운 트렌드에 대응, 새로운 고객 지원 체계 개발
- 핵심 경쟁 부문의 효율 극대화를 통한 비용 절감: 전략적 구매 체계 도입, 비핵심 영역의 아웃소싱[3PL(3rd Party Logistics)/VMI(Vendor Managed Inventory) 등], 전체 제품 수명주기에 걸친 프로세스 혁신, 글로벌/전사에 걸친 커뮤니케이션 및 협업, 전 생산라인에 걸친 '규모의 경제' 파악 및 실현 노력
- 물류 · 마케팅 모델의 새로운 결합: 전자상거래 메카니즘의 적용(구매포털, e물류 등), 공급망의 새로운 요구에 대응[CPFR(Continuous Planning, Forecast & Replenishment), 주문추적 등]
- Time-to-market 향상: 전체 제품 수명주기 프로세스 전반의 최적화, 주문 및 생산 라인에서의 최적의 순서/배치 실현, 생산성 극대화를 위한 디자인 부문의 확충

전통적 공급망 관리 추진의 문제점

그러나 이러한 노력이 모두 성공적인 결과를 낳지는 못했다. 전통적인 공급망 관리를 추진했던 기업들의 과거 노력이 다음과 같은 많은 어려

움에 부딪혔기 때문이다.

- 정보 추적시 CRM, ERP, 레거시 등 여러 종류의 업무시스템을 통해야 했다.
- 새로운 공급자, 파트너, 고객과의 연결, 새로운 사업 부문과의 연결, 레거시 시스템과 패키지 기반 업무시스템의 연결 등에 따른 비용이 급격히 증가했다.
- 다양한 이기종 관리 및 연계, 인력과 기술의 결핍 등 산재한 시스템 관리에 따른 비용이 급격히 증가했다.
- 온라인 정보 교환은 일부 이루어 지나 업계 표준 프로세스 및 데이터 규격을 일치시켜야 했다.
- 비호환 자료 포멧과 시스템들, 영업시간 확장, 생산라인 확장 등으로 인한 정보 폭발, 깨뜨릴 수 없는 공급망의 요구사항으로 많은 양의 데이터를 빠르고 정확하게 전달하는 데 어려움이 있었다.
- 공급망은 전형적으로 예측 기반의 재고보충이며 매출 기반이 아니기 때문에 정확도가 떨어졌다.
- 배치 정보 전달로 인한 기회 손실이 발생했다.

효율적인 공급망 관리의 핵심은 공급망상에서 공유되는 내외부 정보를 다양한 시스템들로부터 필요한 시점에 정확하게 얻어낼 수 있는 능력뿐 아니라 정보의 유연성, 효용성, 가시성, 즉시성, 가용성 등을 확보하는 것이다. 정보는 힘이다. 그리고 경쟁우위는 정보를 어떻게 수집하느냐에 있는 것이 아니라 수집된 정보를 가지고 무엇을 하느냐에 달려 있다.

공급망 파트너 간의 프로세스 통합을 통한 실시간 정보 확보

공급망상의 파트너 간 통합 방법은 다양하다. 이 중 프로세스 중심의 파트너 통합은 가장 정교한 형태의 기업 간 통합으로 이는 거래 파트너가 상대방의 업무 프로세스에 참여하는 것을 의미한다. 여러 기업과 조직 간에 걸친 다양한 업무 프로세스 및 시스템을 통합함으로써 기업은 확장된 기업(Extended Enterprise)의 형태로 혁신할 수 있다.

삼성SDI가 공급망 개선을 위해 추진한 로제타넷은 기업 간 프로세스 통합의 한 형태이며, 로제타넷(Rosttanet)을 이용한 비즈니스 파트너 간의 프로세스 통합은 기업 내부의 고유한 프로세스에서 외부 기업과 연계된 프로세스로 로제타넷 표준을 따르는 메시지를 만들어 미리 정해진 규약에 따라 이 메시지를 전달하는 것을 말한다.

로제타넷이란?

로제타넷은 한마디로 하이테크 산업에 특화된 프로세스 규정 및 XML 문서 표준이다. 기업 간 상거래에 필요한 의사소통 방식은 과거 실제 문서 전달, 전화, FAX, e-mail 등을 통한 문서 전달에서부터 EDI나 자체적인 XML 문서 전달 방식을 거쳐 각 산업별로 특화 및 표준화된 XML을 구현하는 방식으로 발전되어 왔다.

로제타넷은 전세계의 400여 전자부품, 정보기술, 반도체 제조와 솔루션 제공업체들이 모여 만든 컨소시엄으로 개방형의 e-비즈니스 표준을 제정, 구현한 것이다. 하이테크 산업의 인터넷 상거래를 위한 프로세스와 용어를 표준화, 공통화하고 이의 개발 및 확산을 주도하는 것이 로제타넷 컨소시엄의 미션이다. 로제타넷은 컨소시엄 회원사에 속한 비즈니스 실무자들을 중심으로 공통 프로세스 정의 및 합의를 도출하는 방식으로 기업간 상거래를 위한 데이터 사전, 구현 프레임웍, XML 기반의 비즈니스 메시지 구조와 교환 프로세스를 제공한다.

로제타넷은 이미 하이테크 산업을 중심으로 한 기업 간 프로세스 연계의 표준으로 자리잡았고 많은 선진 기업들이 단계적 구축을 완료했다. IBM 역시 로제타넷의 스폰서이며 각 Managing Board에 참여하여 표준화 및 기술을 선도하고 있다.

삼성SDI 로제타넷 적용을 통한 공급망 협업 사례

2003년 후반 삼성SDI는 유연하고 확장 가능한 기업 간 통합 솔루션을 도입, 업계 표준인 로제타넷 방식으로, 글로벌 제조회사인 고객사(이후 A사)를 시작으로 주요 고객사 및 공급자와의 공급망 협업을 추진해 오고 있다. 물론 이를 추진하기에 앞서 대 내외적 요구가 있었다. 삼성 SDI LCD 부문의 로제타넷 표준에 따른 기업 간 프로세스 통합 프로젝트는 A사의 선호 협력회사로서의 지위 강화 및 고객 만족 강화 필요성이 그 내용이었다.

1차 프로젝트의 범위는 A사가 요청한 VMI 프로세스 도입에 대응하기 위해 표준(로제타넷)에 기반한 기업간 공급망 협업 인프라를 마련하여 A사의 생산 플랜트들, A사 플랜트들의 물류를 담당하는 3PL들, 삼성SDI 플랜트들 간에 수요예측, 위탁재고관리, 자동매출송장 정보를 공유하는 것이었다(또한 정보의 획득과 제공을 위해 삼성SDI의 내부 시스템과의 연계도 포함되었다).

- 수요예측 협업: A사의 중장기 수요예측 및 주별 수요예측 정보를 로제타넷 문서로 전달 받아 이를 내부 시스템에서 확인하고 이에 대한 응답으로서 납품 가능 내역을 확정해 주면 이 정보가 A사에 전달된다.

- 위탁재고관리 협업: 제품의 출하 선적 내용을 미리 위탁 창고업체인 A사의 3PL에 알려주고 3PL로부터 제품의 입고 검수 확인 내역과 일일 재고정보, A사의 제품 불출(사용량) 정보를 받아 위탁 재고의 수준을 확인한다. 위탁재고는 A사에서 제공한 수요예측을 기반으로 위탁 창고에 제품을 적정 수준으로 미리 보충해 두고 A사가 필요한 시기에 필요한 만큼 위탁창고에서 불출해 생산에 사용하고 사용한 만큼 정산하는 VMI(Vendor Managed Inventory) 프로세스를 수용하기 위한 작업이다.

- 자동매출송장: A사가 자재 불출에 근거하여 자재 사용 내역을 삼성SDI에 제공하면 삼성SDI는 이를 받아서 매출을 확정하고 A사의 송금 통보를 기준으로 매출채권 수금 프로세스를 수행하게 된다.

이를 PIP(Partner Interface Process)별로 좀더 구체적으로 들여다 보면 다음과 같다.

- 4A1. Notify of Strategic Forecast: A사가 제품의 수요 예측 정보

를 삼성SDI에 알려 삼성SDI가 생산계획 수립에 활용할 수 있도
록 함.

- 4A3. Notify of Threshold Release Forecast: A사가 수요 정보,
  현 재고 수준, 목표 재고 수준 및 선적 정보 등을 삼성SDI에 제공
  하여 삼성SDI가 A사의 수요에 맞는 공급계획을 수립할 수 있도
  록 함.

- 4A5. Notify of Forecast Reply: A사가 삼성SDI로 보낸 4A1, 4A3
  수요 정보에 대하여 삼성SDI는 공급 가능량을 A사에 응답함으로
  써 A사는 이 정보를 수요/공급 계획 및 밸런스에 활용하도록 함.

- 3B2. Notify of Advanced Shipment: 삼성SDI가 VMI 창고에 자
  재를 채워넣음을 3PL에 알리는 용도와 A사가 실제 사용한 자재
  의 종류와 수량을 3PL이 삼성SDI에 알리는 프로세스.

- 4B2. Notify of Shipment Receipt: 3PL이 자재를 수령했음을 삼
  성SDI에 알림.

- 4C1. Distribute Inventory Report: 3PL이 위탁창고의 재고, 자
  재 사용 정보를 삼성SDI에 알림.

- 3C7. Notify of Self—billing Invoice: A사가 실제 사용한 자재의
  양을 기준으로 삼성SDI의 매출량을 알림.

- 3C6. Remittance Advice: A사가 삼성SDI로 송금 내역을 알림.

삼성SDI의 기업 간 통합 서버는 A사 및 A사의 3PL로부터 수신받은
문서에 대한 송신자 확인, 문서 유효성 판단, 복호화 처리 등을 거쳐 정
의된 규칙에 따라 정보를 변경 또는 복제하여 내부 레거시 시스템에

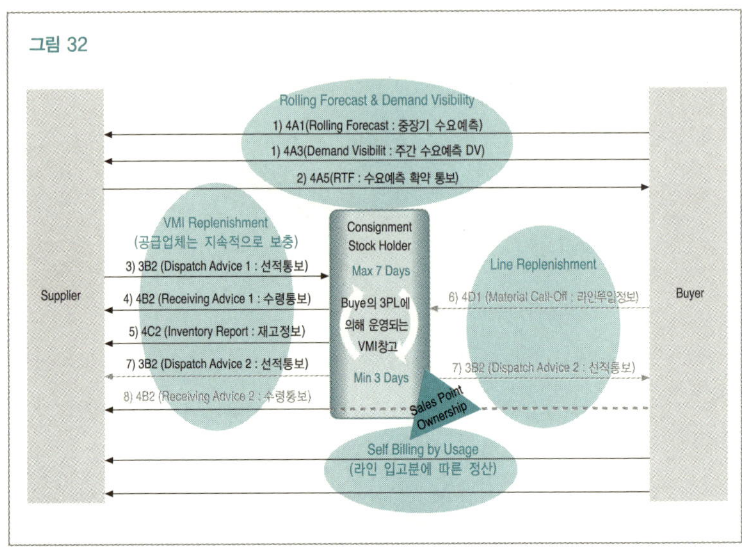

전달하며, 역방향으로 내부 레거시 시스템에서 만들어진 정보를 필요한 암호화 처리 및 형식변환 작업을 거쳐 송신하게 된다.

협업의 결과

삼성SDI는 과거 다양한 채널과 영업사원의 수작업에 의존하던 협업 프로세스를 기업 간 연계 통합을 통해 자동화하고 효율화할 수 있었다.

- A사의 수요예측 계획 정보에 대한 응답 자동화를 통해 수요예측 협업의 효율성을 높임.
- 제품 선적 및 수령확인 등 입출고 내역 송수신을 자동화하여 위탁재고 정보를 가시화함.

● A사 고객이 직접 작성한 매출 송장 정보와 송금 통보 정보를 내
  부 시스템과 연계하여 자동 매출 프로세스에 대응할 수 있게 됨.

더욱 비즈니스적인 관점에서 보면, 삼성SDI는 로제타넷이라고 하는
산업 표준에 입각한 기업 간 협업 환경 구축을 통해 글로벌 경쟁력 강
화, 비용 절감, 고객 서비스 개선 등의 효과를 실현하고 있는 것으로 예
측된다.

● 수작업 처리 감소로 인한 비용절감, 정확도 향상.
● 프로세스 자동화 및 단순화.
● 업계 표준 프로세스 적용을 통한 내부 프로세스 개선.
● 공급망상의 Cycle Time 감소로 비용 절감.
● 실시간 수요계획과 재고관리의 정확성 및 효율성 향상.
● 고객의 요구에 맞는 서비스 제공.
● 다양한 거래 파트너와의 협업을 통한 글로벌 경쟁력 강화 및 비
  즈니스 확장 기반 마련.

기업 간 통합은 상생(win-win)의 결과를 낳아야 한다. 물론 이 프로
젝트의 결과로 A사 역시 삼성SDI라는 협력회사와의 협업 프로세스 통
합을 통해 응답의 즉시성, 재고의 가시성, 자금흐름의 투명성 등을 실
현하게 되었다.

표준에 입각한 인프라의 구성은 추가적인 파트너, 조직과의 통합에
따른 연계 비용을 절감할 수 있다. 1차 프로젝트의 성공적인 완료 후

삼성SDI는 ME(Mobile Energy) 사업부와 같은 타사업 부문으로의 적용 확대 및 타거래 파트너사와의 연계 등 지속적으로 확대 적용을 추진하고 있다. 이는 다양한 글로벌·고객들의 요구를 적극 수용할 수 있음을 의미한다. 글로벌 표준을 수용한 기업 간 통합 시스템은 기업 경쟁력 확보를 위한 협업 인프라로 활용될 것이다.

기업은행 차세대 시스템 구축 프로젝트

1. 은행 차세대 시스템이란 무엇인가?

국내 코어뱅킹 시스템의 진화 과정

국내 은행에 IT가 도입되어 업무 처리를 온라인 자동화한 지 20여 년이 흘렀다. 단위 업무별 온라인화를 거쳐 1990년을 전후한 시기에 모든 시중 은행이 종합온라인을 구축함으로써 3차 온라인 시스템 구축이 완료됐다. 1990년대 중반 금융산업 경쟁력 강화에 대한 논의와 함께 포스트 3차 온라인 시스템에 대한 논의도 함께 시작되면서 차세대 뱅킹시스템(Next Generation Banking System: NGBS)이란 용어가 등장하게 된다. 코어뱅킹 시스템은 은행 IT경쟁력을 좌우하는 핵심 시스템으로 통계적으로 은행 IT예산의 50%, 유지보수 비용의 75%를 차지하고 있다.

차세대 뱅킹시스템 필요성의 근거가 된 현 시스템(3차 온라인 시스템)의 한계와 새로운 시스템의 방향성은 다음과 같다.

현 시스템의 한계

1990년대 초반 종합 온라인시스템 구축 이후 금융권은 전사 차원의 온라인화를 이루게 된다. 그러나 이 과정을 통해 구축되어지고 이후 확장, 개발된 금융 시스템은 온라인화에만 지나치게 치중한 결과, 전사적 관점의 통합이나 운영보다는 필요 요구사항에 단편적으로 대응함으로써 사일로(Silo) 구조로 호칭되어지는 상품과목별, 채널별 어플리케이션이라는 태생적인 한계를 지니게 되었다. 이런 태생적 한계는 다음과 같은 주요 문제점을 갖고 있다.

- 신속한 시장대응 역량 미흡
- 고객정보 통합관리역량 미흡
- 채널별/상품과목별 어플리케이션의 기능 중복
- 경영의사결정을 지원할 수 있는 역량의 부족
- 사용자 중심 사상의 결여
- 마케팅 역량을 발휘하기 위한 정보 제공 미흡
- 과중한 유지보수 비용 필요

차세대 시스템의 방향성

1990년대까지 금융산업의 세 가지 대표적인 성장 전략을 고르자면, '수익선 다변화', '인수합병구조조정을 통한 대형화', '위험자산 유동화'를 들 수 있다. 그러나 이와 같은 성장 전략은 '역량의 중복투자', '상품/채널/사업 라인의 불완전한 통합', '고객 니즈와 금융 서비스 간의 불일치' 등의 부작용을 낳았다. 결과적으로 과거 성장 전략이 고

갈됨에 따라 새로운 성장 전략을 모색하게 되었고 "은행이 경쟁우위를 지키면서 성장을 지속하려면 상품 및 서비스의 혁신, 시장 및 채널의 확장을 수행해야 한다"는 결론에 도달하게 된다. 이러한 새로운 성장 전략을 지원하기 위한 비즈니스 혁신 엔진으로서의 차세대 시스템은 "IT의 비용 절감과 동시에 비즈니스 역량을 강화해 은행의 수익성을 제고할 수 있는 시스템"으로 정의할 수 있다. 이를 달성하기 위한 구체적인 개선 방향은 그림 33과 같다.

이와 같은 과정을 거쳐 정의된 코어뱅킹 시스템의 새로운 역할을 바탕으로 1990년 후반기부터 몇 개의 은행에서 차세대 시스템 구축이 시도되었다. 하지만 국제통화기금(IMF) 구제금융, 은행 간 인수합병을 거

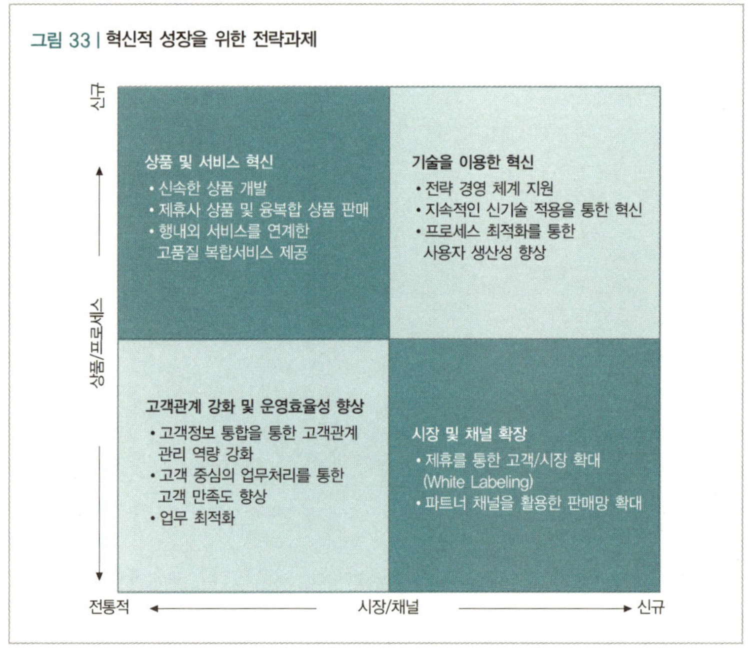

그림 33 | 혁신적 성장을 위한 전략과제

치면서 프로젝트가 중단되었거나 시스템이 폐기되었다. 이후 2005년 하반기에 이르러서야 기업은행, 우리은행이 각각 IBM과 공동으로 차세대 시스템 구축을 완료하게 된다.

2. 기업은행 차세대 시스템 구축 개요

차세대 시스템 추진 경과

1993년 가동에 들어간 기업은행의 종합 온라인시스템은 타은행의 종합 온라인시스템과 마찬가지로 새로운 금융환경에 대응하여 상품 및 서비스의 혁신, 시장 및 채널의 확장을 수행하기에는 많은 한계를 가지고 있었다. 기업은행은 수년 간의 검토와 차세대 시스템 목표 구체화 작업을 거쳐 2002년 5월 IBM을 시스템 통합 사업 파트너로 정하고 테메노스사의 TCB(Temenos Corebanking) 패키지를 솔루션으로 하여 차세대 시스템 구축 프로젝트를 착수했다. 기업은행의 차세대 시스템 추진 동인은 다음과 같이 정리할 수 있다.

- 구 시스템의 노후화로 시스템의 유지보수 비용 증가
- 신상품 개발에 장기간 소요
- 고객 통합정보 제공 미흡
- 최신 정보기술 이용에 따른 시스템 간의 연계성 복잡
- 급속한 금융환경 변화에 따른 대처 능력 부족

기업은행은 28개월간 약 5,700MM의 인력을 투입해 차세대 시스템

구축을 완료하고 2004년 9월 6일 국내 최초로 차세대 시스템을 성공적
으로 가동하게 되었다.

차세대 시스템 목표

기업은행은 코어뱅킹 시스템을 단순히 업무처리를 자동화하는 도구가
아니라 비즈니스를 혁신시키는 전략적 도구로 삼고자 했다. 이에 따라
IT 개선 요건에 대한 분석에서 벗어나 비즈니스 목표와 전략에 대한
분석과 이해로부터 미래 금융환경에 대응할 수 있는 비즈니스 모델을
수립하고 비즈니스의 환경과 시장환경 변화에 신속하게 대응하기 위
하여 코어뱅킹 시스템이 갖춰야 할 요건을 정리한 결과 차세대 시스템
구축 8대 목표를 정하게 되었다.

　'차세대 시스템에 적용할 기술기반은 무엇이 돼야 할 것인가?' 또는
'어떤 방법론으로 구축할 것인가?' 도 중요한 고려사항이지만 그보다
더 중요한 요소는 금융산업에 대한 깊이 있는 통찰력을 바탕으로 미래
의 코어뱅킹 시스템이 갖추어야 할 비즈니스 구현 목표를 정하고 프로
젝트 전 과정 동안 목표 구현 사항을 점검하는 것이었다.

● 고객 중심 시스템

　업무별로 분산되어 있는 고객정보의 중복을 제거하여 하나의 통
　합고객 데이터베이스로 구축하고, 직원이나 고객이 어느 채널로
　접근하더라도 통합고객 데이터베이스를 통해 단일 고객정보를
　제공한다. 모든 고객접점에서의 접촉 이력이 공유되고, 일관된
　마케팅 메시지가 전달되는 시스템을 구현한다. 또한 기존 대중

상대의 획일적인 상품판매에서 벗어나 특정 고객세그먼트를 위한 상품을 개발하고 고객이 고객별 상황에 맞춰 상품 사양을 구성한다. 따라서 고객의 선택이나 고객 세그먼트에 따라 동적으로 상품 가격이 결정되는 고객별 맞춤상품 기능(Dynamic Configuration Dynamic Pricing 기능)을 구현한다.

- 품질혁신 시스템

  수준 높은 개발 방법론의 철저한 적용으로 데이터 품질, 어플리케이션 품질, IT 개발 및 유지보수 절차의 품질혁신을 이룬다.

- 사용자 중심 시스템

  초보 사용자부터 능숙한 사용자까지 사용하기 쉽고, 업무처리를 신속히 수행할 수 있는 시스템을 구현한다.

- 전략 경영 지원 시스템

  의사결정에 필요한 정보를 신속 정확하게 제공하여 전략경영을 지원한다.

- 기능별 모듈화 시스템

  프로그램의 컴포넌트화를 통하여 중복 개발을 최소화하고 재사용성을 강화하여 비즈니스 요건 변화에 신속히 대응할 수 있도록 하고 프로그램 유지보수 노력을 최소화한다.

- 24×365 금융서비스 시스템

  금융환경의 글로벌화와 다양한 고객 거래 채널의 급속한 보급에 대응하여 모든 상품과 서비스를 모든 채널을 통해 24시간 365일 제공한다.

- 대외 접속 표준화 시스템

다양한 채널, 다양한 외부 기관의 거래처리 요청 메시지를 변환 규칙의 정의만으로 은행의 표준 메시지 포맷으로 변환하는 기능을 구현한다. 이를 통해 코어뱅킹 시스템의 변경 없이 새로운 채널이나 외부 기관과의 연계를 신속히 구현할 수 있도록 한다.

- ● 무장애 보안 대비 시스템
  각종 장애 및 보안에 대비한 안정적인 시스템을 구현한다.

3. 기업은행 차세대 시스템의 특징

기업은행 차세대 시스템은 많은 부분에서 혁신적 변화를 가져왔다. 1) 프로덕트 팩토리(Product Factory)를 구현하여 상품개발 기능을 혁신했으며, 2) 모든 서비스를 고객 중심으로 제공할 수 있는 시스템을 구현했고, 3) 7,500여 업무 프로세스를 2,700여 프로세스로 최적화하고, 4) 전상품 전거래를 24시간 연속 서비스할 수 있도록 개선하고, 5) 업무 어플리케이션의 변경 없이 신기술을 지속적으로 채용할 수 있도록 플랫폼 독립성 있는 어플리케이션을 구현했다.

1) 프로덕트 팩토리(Product Factory) 시스템

기존 시스템의 경우, 상품별 업무 처리 규칙을 프로그램 안에서 로직으로 처리해 신상품 개발의 속도 및 다양한 고객 니즈에 대응하는 데 어려움을 겪고 있었다. 특히 상품구조가 복잡한 금융복합 상품 등에 대한 요구사항이 있을 경우에는 구현 및 테스트에 많은 노력이 소요되었다.

기업은행은 차세대 프로젝트를 통해 프로덕트 팩토리 시스템을 구축함으로써 기존 프로그램 내에 로직으로 존재하던 상품 업무처리 규칙을 상품 모델링 과정을 통해 외부 데이터화했다. 기업은행에 구현된 프로덕트 팩토리의 특징은 네 가지로 요약될 수 있다.

첫째, 어떠한 새로운 종류의 금융상품 사양도 용이하게 수용할 수 있는 고도로 추상화된 유연한 데이터 구조를 갖도록 설계함으로써 데이터베이스의 변경 없이 상품을 정의할 수 있게 되었다. 신상품에 필요한 상품 사양은 기존의 상품 사양과 전혀 다른 것일 수 있다. 그 때마다 상품사양을 정의하기 위해 데이터베이스의 변경이 필요하다면 이는 관련 어플리케이션의 변경을 수반하고 결과적으로 상품의 신속한 개발이 힘들어진다.

둘째, 수신·여신 등과 같은 비즈니스 라인별 상품 정의에서 벗어나 상품조건의 제약 없는 조립 및 상품조건 간의 관계 정의를 할 수 있도록 함으로써, 수/여신과 같은 은행상품 간 번들링 더 나아가 은행상품과 보험, 카드 등의 비은행상품 간의 번들링 등 금융상품의 금융복합화에 대응할 수 있도록 했다. 이는 선진 종합계약서비스의 도입을 가능하게 해주는 매우 중요한 특징이다.

표 5 | 기업은행의 차세대 시스템 가동 후 1년간 신상품 개발 현황

상품 구분	기존 상품 수	신상품 개발 건수	신시스템 건당 개발 일수	구시스템 건당 개발 일수
수신	499	169	0.7	7
여신	1,854	185	1	3
서비스(기타)	162	27	3	20
합계	2,515	381	384.3	2.278

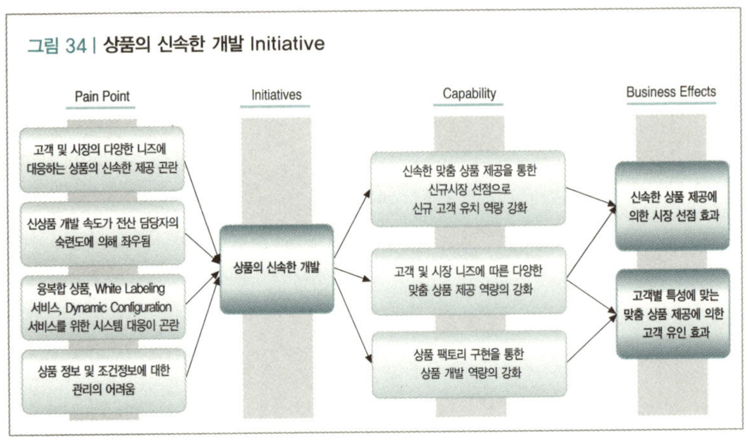

셋째, 상품조건을 계층화하여 템플릿으로 관리함으로써 신상품의 정의 및 조건의 관리를 효율적으로 할 수 있도록 했다.

넷째, 상품 정의기능에도 타사의 상품을 생산하여 판매(White Labeling)할 수 있는 기반을 구축했다.

기업은행 자체 통계에 따르면 기업은행의 차세대 시스템은 기존 시스템 대비 약 700%의 생산성 향상 효과를 보여주고 있다.

2) 고객 중심의 업무 처리

기존의 과목별 사일로 시스템은 거래처리 중심으로 개발, 운영되었기 때문에 고객 관련 정보의 업무별 산재 및 중복, 과목 단위의 기능 중복 등의 제약으로 고객 수준의 종합적 관점에서의 마케팅, 가격 결정, 혜택 제공, 리스크 관리 등에 어려움을 안고 있었다. 이러한 어려움은 많은 영업 기회 상실로 연결되고 있었다.

기업은행은 차세대 시스템 구축을 통해 업무별로 산재되어 있는 고

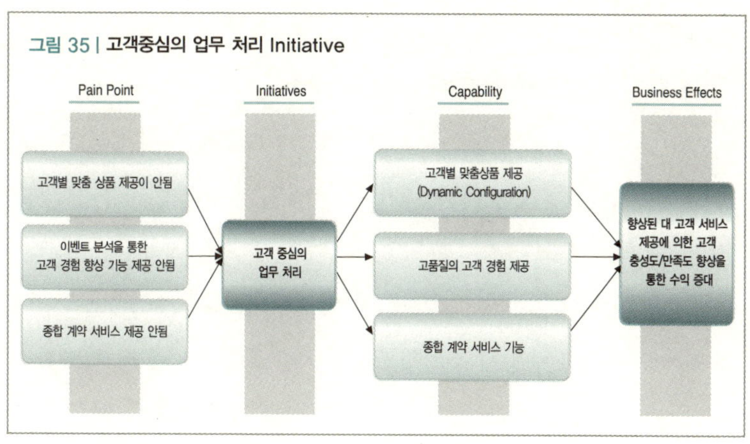

그림 35 | 고객중심의 업무 처리 Initiative

객정보를 통합하고 고객, 계약, 정산 등을 과목별 기능에서 벗어나 전행 통합 기능으로 구현함으로써 거래처리 중심 시스템에서 고객관계 중심 시스템으로 혁신하게 되었다.

또한 고객이 상품 계약시 상품 사양의 선택이 가능하고 선택된 상품 사양 및 고객 세그먼트 구분(예: 고객기여도, 신용도, 거래 기간 등에 따른 구분)에 따라 이자 수수료 등의 상품가격이 변동하는 고객별 맞춤상품(Dynamic configuration Dynamic pricing)의 제공이 가능하도록 했다. 이러한 고객별 맞춤 상품의 구현을 위하여 상품 사양에 대한 필수/선택 지정, 상품 사양 간의 관계 지정, 선택된 상품 사양과 고객 구분 조합에 따른 가격책정 규칙의 정의, 고객별 협상 범위 등을 지정할 수 있도록 했다.

기업은행은 이러한 혁신을 통하여 향상된 품질의 고객 서비스를 제공할 수 있게 됨으로써 고객 충성도 및 만족도 향상, 그에 따른 수익증대 효과를 거두고 있다.

3) 업무 최적화

기업은행의 기존 코어뱅킹 시스템은 상품별, 채널별 어플리케이션 구조로 인한 업무 프로세스의 중복 및 업무처리의 원활하지 못한 연동처리 등으로 인한 처리 시간의 증가 등 IT직원뿐 아니라 사용자에게도 불필요한 낭비 요소를 지니고 있었다.

기업은행은 차세대 프로젝트를 통해 전행의 모든 프로세스를 기능에 입각하여 톱다운 방식으로 철저히 분석함으로써 상품별, 채널별 프로세스를 통폐합하고 표준화하는 효과를 거두었다. 또한 시스템의 제약으로 인해 별도로 처리되던 프로세스를 자동화하고 연동처리 할 수 있도록 개선함으로써 7,500여 코어뱅킹 시스템 프로세스를 2,700여 프로세스로 표준화하는 업무 최적화를 이루었다.

이는 시스템 사용자에게 불필요한 업무처리시간 단축 및 생산성 향상 효과를 시스템 개발자에게 유지보수 소요 노력 절감 효과를 가져다

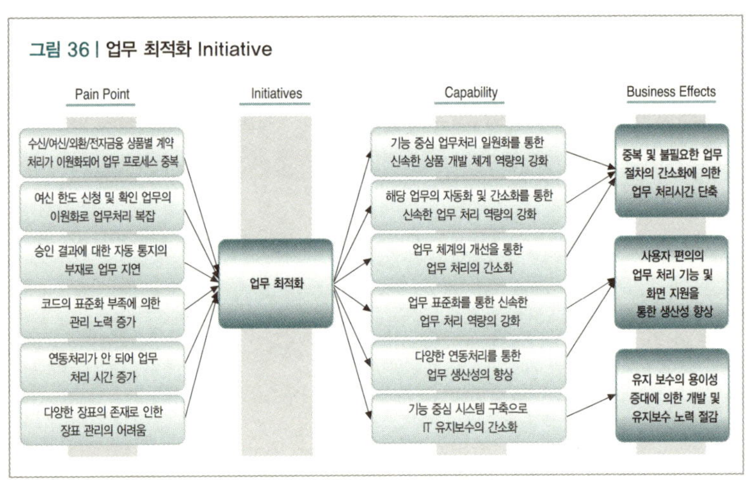

그림 36 | 업무 최적화 Initiative

주었다.

4) 24×365 연속 서비스

전상품 전거래에 대한 24시간 연속 서비스는 국제화가 진행되고 인터넷과 같은 고객 소유 채널이 확산됨에 따라 코어뱅킹 시스템의 필수 요건이 되었다. 그러나 기업은행의 기존 코어뱅킹 시스템은 요구불 상품의 일부 거래에 한정하여 불완전한 24시간 서비스를 제공하고 있었으며 대부분의 은행처럼 기업은행도 야간이나 휴일이 되면 본원장은 일별 최종 원장을 필요로 하는 뱃치 작업에 사용되고, 야간이나 휴일 온라인은 별도의 간이 요구불 원장을 이용하여 거래를 처리해 주는 방식으로 서비스를 제공하고 있었다. 이러한 사유로 24시간 제공될 수 있는 상품 및 서비스의 범위가 한정되었고 휴일 온라인용 프로그램이 별도로 유지 및 보수되어야 했다.

기업은행의 차세대 시스템은 일자 전환시 디스크 순간 복제 기능을 이용하여 뱃치용 일별최종원장을 복제하여 제공할 수 있도록 함으로써 본원장을 이용한 24시간 서비스가 가능해졌다. 이렇게 함으로써 전상품 전거래를 별도의 프로그램 없이 24시간 서비스할 수 있게 되었다.

5) 플랫폼 독립성

IT 기술은 끊임없이 발전한다. 기업은행은 모든 업무 어플리케이션을 멀티플랫폼, 멀티랭귀지를 지원하는 케이스 툴을 통해 구현함으로써 어플리케이션과 플랫폼 간의 종속성을 제거했으며, 멀티레이어 어플리케이션 구조를 갖춤으로써 SOA, DBMS 등의 신기술 수용이 용이한 구조를 갖추었다. 이렇게 함으로써 은행의 소중한 자산인 업무 처리용 어플리케이션을 보호하며 새로운 기술을 유연하게 채용할 수 있도록 했다.

4. 기업은행 차세대 가동 1년 후

기업은행은 차세대 시스템 가동 1주년이 지난 2005년 9월 차세대 시스템 ROI분석을 수행했으며 다음과 같은 정성적 · 정량적 측면의 효과가 있었던 것으로 분석되었다.

정성적 효과

차세대 시스템의 성공에 의한 고객의 인지도, 내부적인 자긍심 및 현업부서의 IT 지원에 대한 긍정적 인식 확산 등의 비계량적 효과가 발생했다. 정성적인 효과를 고객관점, 업무관점, 상품관점, IT관점에서 분석 정리하면 그림 37과 같다.

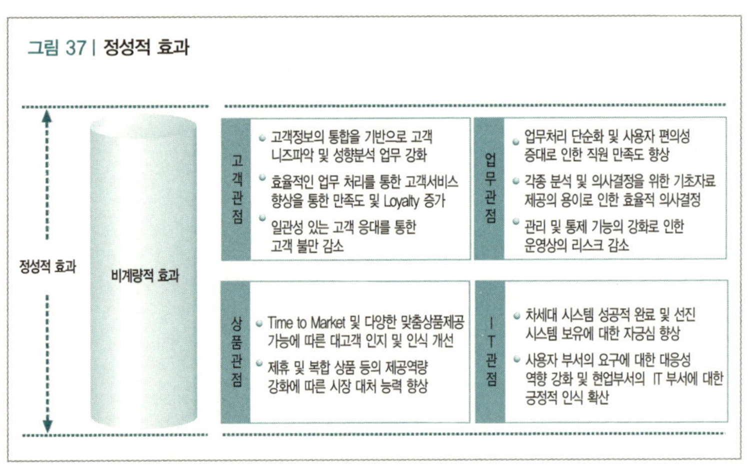

정량적 효과

차세대 이후 1년간의 효과를 비즈니스 측면과 IT 측면으로 측정한 결과 초기 1년간 약 541억 원의 투자효과가 발생한 것으로 분석되었다(그림 38 참조).

투자 효과 분석

5년간을 기준으로 볼 때 일부 항목을 제외한 대부분의 투자효과는 지속될 것으로 예상된다. 차세대 시스템 투자 비용을 고려할 때 투자 회수기간은 약 1.7년으로 2006년 5월 정도에 투자효과가 투자금액을 초과한 것으로 분석되었다(그림 39 참조).

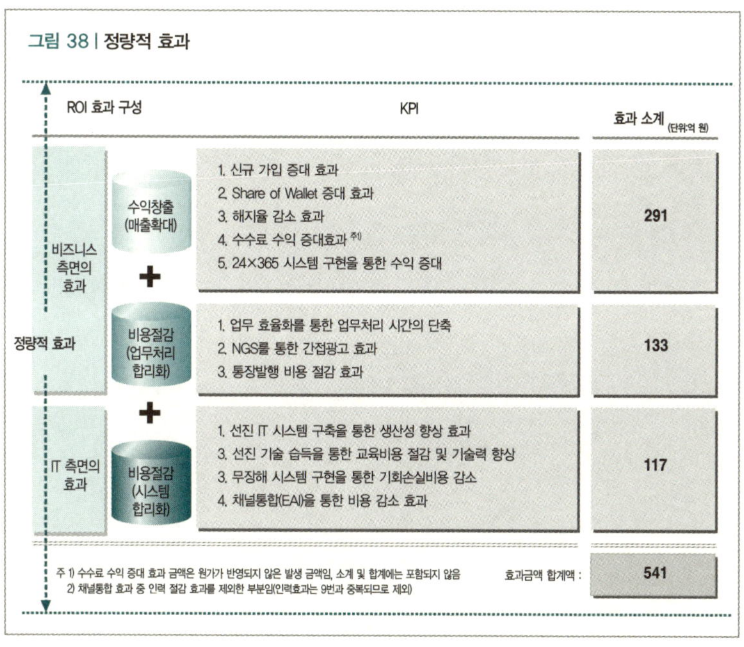

그림 38 | 정량적 효과

그림 39 | NGS에 의한 Cashflow

(단위: 100만 원, %)

구분		2004.9	2005.9	2006.9	2007.9	2008.9	2009.9
Total Cash Inflow	발생분	0	54,109	52,022	51,083	50,314	50,314
(Benefit 발생분)(A)	누적	0	54,109	106,130	157,213	207,527	257,841
Total Cash Outflow	발생분	73,377	10,805	8,939	5,193	3,982	2,703
(총 Cost 발생분)(B)	누적	73,377	84,142	93,121	98,314	102,296	104,999
Net Cash Flow	발생분	-73,377	43,304	43,083	45,890	46,332	47,611
(NCF)[(A)-(B)]	누적	-73,377	-30,073	-30,073	58,599	105,231	152,842

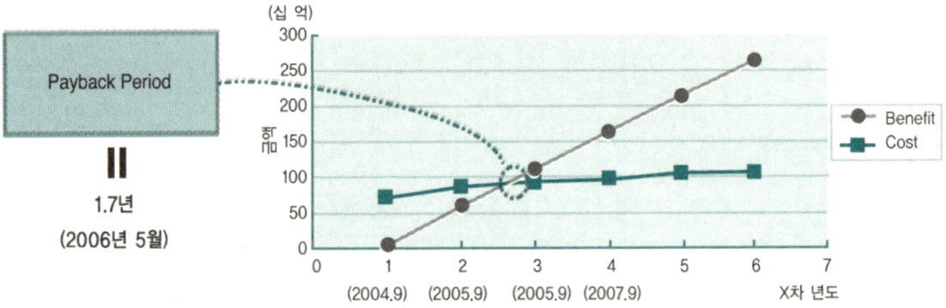

5. 결론

기업은행 차세대 시스템 구축 사례는 차세대 시스템을 통한 IT 및 프로세스 혁신이 막대한 가치를 창출하고 있음을 증명해 준다. 차세대 시스템은 IT 비용 효율화를 위한 인프라스트럭처 보강 프로젝트가 아니라 생존 및 성장을 위한 은행의 필수적 선택임을 인식해야 한다.

기업은행의 차세대 시스템 구축 사례는 IBM 기업가치연구소가 2015년 은행산업의 주요 트렌드로 지적한 "기술이 돌파구적 가치를 가시화할 것이다"라는 문구를 다시 한번 떠올리게 한다.

태평양의 경영혁신

혁신 1기

21세기 경쟁력의 원천으로 협업, 정보화, 지식경영, 고객 중심, 스피드 경영 등을 들 수 있다. 아모레퍼시픽은 실패를 두려워하지 않는 도전 정신의 바탕 위에 항상 변화와 혁신을 추구해 온 역동적인 회사다. 아모레퍼시픽은 21세기 세계 초우량 기업을 목표로 지속적인 경영혁신 작업을 통해 핵심역량을 구축하고, 핵심 프로세스들을 고객 중심으로 혁신하고 있다. 특히 아모레퍼시픽은 e-비즈니스 시대의 디지털 기업으로 변모하기 위한 기반을 다지고자 다음과 같이 DDP(Digital Dream Project)를 추진함으로써 새로운 변신을 시도했다.

- 고객이 요구하는 상품을 적기에 공급할 수 있도록 상품개발 프로세스를 효율화하고 프로젝트 관리를 강화함으로써 시장 및 고객을 선도하는 기술개발력을 확보한다.
- 고객 주문에 대한 확대된 납기 약속으로 고객 만족도를 향상시키며, 캘린더 데이(Calendar Day)마감 등을 통한 정확한 판매정보의 실시간 제공으로 효율적인 판매 대응이 가능하도록 한다.
- 관련 부문 간의 협업을 통한 전사 계획(판매, 생산, 구매) 간의 연계성 강화 및 정확도 향상으로 전체 공급사슬의 동기화와 효율성 증대를 도모한다.
- 비효율적인 업무 제거를 통한 생산 프로세스 최적화 및 시스템으로 생산계획의 정확도 향상과 협력업체와의 실시간 정보공유를

통해 신속한 생산대응 체계를 구축한다.

- 계획 대비 실제 투입 원가분석으로 비부가가치 비용을 제거하고, 경영 및 재무 정보의 실시간 관리로 신속 정확한 의사결정을 지원함으로써 경쟁력을 강화한다.

배경

최근 급변하는 경영환경 속에서도 아모레퍼시픽이 화장품 업계에서 독보적인 위치를 점하고 있는 까닭은 항상 고객을 먼저 생각하고 시장변화에 신속하게 대응했기 때문이다. 1990년대 후반부터 적극적으로 추진해 온 강한 상품, TCR, 소매력 강화 등을 통해 아모레퍼시픽은 쉼없는 경영혁신 작업들을 끊임없이 지속해 왔다. 게다가 어떻게 하면 다른 회사보다 한 발 앞서 변화할 것인지 고민해 왔다. 그러나 과거 생산 · 판매 · 물류 통합 프로젝트나 P2000 등의 프로젝트에서도 많은 문제들이 제기되어 왔지만 제대로 마무리되지 못한 과제들이 있었다. 따라서 e-비즈니스의 새로운 기업 환경 하에서 지속적인 리더십을 발휘하기 위한 목적으로 DDP를 적극 추진하게 되었다.

1998년부터 이미 ERP(SAP/R3의 FI, CO 모듈)를 사용해 오고 있었지만, SCM(Supply Chain Management)부문의 정보는 기존 시스템을 통해서 발생했기 때문에, 엄청난 양의 데이터를 SAP로 인터페이스하는 과정이 매우 복잡했고 오랜 시간이 소요되었다. 또한 판매, 물류, 생산 등 기간 업무를 처리하는 시스템들은 자체 개발 시스템이었기 때문에 통합 및 표준화라는 ERP의 장점을 거의 발휘할 수 없는 상황이었다.

마침 전사의 e-비즈니스 운동을 주도하고 있던 e-퍼시픽팀이 2000년 출범부터 디지털화를 위한 다양한 전략과 전술을 검토하고 있던 상태에서 SCM팀과 CRM팀으로 분리되면서 SCM팀을 주축으로 솔루션 도입을 검토하게 됐다. 이를 계기로 회사의 업무 프로세스를 글로벌 수준으로 표준화하고 통합하기 위한 일환으로 프로젝트를 수행하게 되었다.

1기 혁신, DDP는, 핵심역량 강화를 위한 기반 조성을 위해 코어 ERP를 구축하고 다음가 같은 목표 달성을 위해 진행됐다(그림 40 참조).

- 고객 중심의 프로세스로 개선
- 회사 내부 프로세스 통합/최적화
- 프로세스 표준화

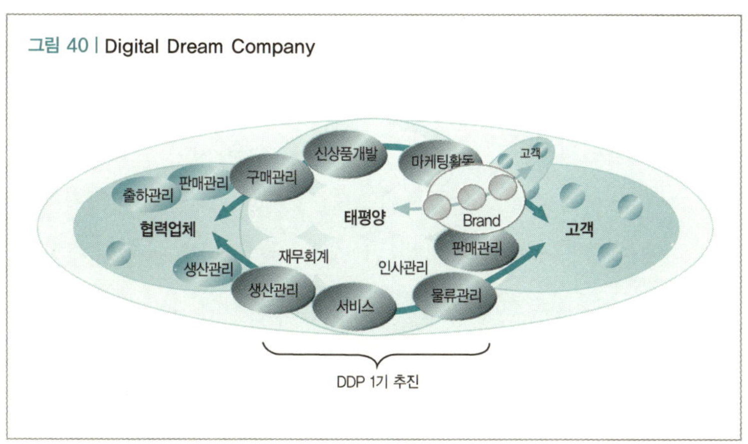

추진 내역

디지털 드림 프로젝트는 규모가 큰 프로젝트이어서 많은 인력과 비용
이 투입되었다. 생산, 판매, 물류, 영업, 마케팅, 연구개발, 인사, 재무
등 회사의 거의 모든 영역이 범위에 포함되는 방대한 규모였다. 이 프
로젝트에는 현업의 거의 모든 부문이 동참해서 설계했다. 전사적인 참
여와 노력으로 인해 다른 회사보다 월등히 빠른 기간 내에 안정화를
이룰 수 있었다.

DDP에선 평가 단계의 임원 워크숍을 통해 5대 PI 추진 전략을 도출
했다. 또 이를 달성하고자 2개 중점 개선과제 추진 및 프로세스 재설
계 · 구축을 2001. 4~2002. 5 동안 수행했다. 2002년 6월 새로운 프로
세스/시스템을 적용한 이후 안정화 업무를 거쳐, 고객 중심의 현업 업
무 개선을 성공적으로 이루었다.

5대 PI 추진 전략

- 적기 신상품 개발
  고객이 요구하는 상품을 적기에 공급할 수 있도록 상품개발 프로
  세스를 효율화하고 프로젝트 관리를 강화함으로써 시장 및 고객
  을 선도하는 기술개발력을 확보하는 것이다. 이를 구현하기 위하
  여 CFT를 구성해 구매, 디자인, 생산, 품질, 마케팅 등의 통합 정
  보 관리를 구축했다. 또 PLM을 통한 통합적인 개발 프로세스 관
  리 및 프로젝트 일정 관리를 구현했다.
- 고객대응 역량 향상

고객 주문에 대한 확대된 납기 약속으로 고객 만족도를 향상시키며, 캘린더 데이(Calendar Day) 마감 등을 통한 정확한 판매정보의 실시간 제공으로 효율적인 판매 대응 가능 체계를 마련했다. 따라서 입고예정 재고를 고려한 납기 약속이 가능하고 배송기준을 캘린더 데이에 맞추어 마감이 가능하도록 했으며 구간 수수료 제도 운영과 전체 수·배송 통합 스케줄링 관리, 영업부서 판매계획에 반영하는 연계공급전략이 이루어지도록 했다.

● 수요공급 계획의 정확성 향상

수요예측·생산·판매의 시스템을 통한 통합 데이터 관리를 구축해 연간, 월간, 주간 계획 간 연동시스템을 구현했으며 판매, 물류 데이터의 실시간 정보제공이 가능하도록 했다.

● 유연한 생산 대응 체제 구축

제약 조건을 고려한 실행 가능한 생산계획이 수립되었으며 수요예측 데이터의 통합 시스템 관리로 정확도가 향상되었다. 협력업체들과 실시간 생산 정보를 공유할 수 있게 되었으며, 반제품/내용물 단가 관리 및 제품·기간별 손익관리에 의한 신속한 원가분석의 틀을 마련했다.

● 선진 기업 수준의 경영관리 능력 강화

간편한 결산 처리 절차가 구현되었고 표준원가에 의한 제조지시서별 실시간 원가 계산이 가능토록 했다. 계열사 에스쁘아/제약으로의 재무 셰어드 서비스를 확대할 수 있게 되었고, 인사, 예산, 재무, 생산 시스템과의 통합을 이루었다. 직무와 직책에 대한 적임자 관리도 가능하도록 했다.

또한 DDP를 통해서 고객 중심으로 업무 프로세스를 새롭게 했고, 회사 각 부문의 시스템을 통합 및 표준화했다.

아모레퍼시픽은 향후 거시적인 관점에서 고객 중심의 변화(Customer-Centric Transformation)가 요구되었다. 이는 지속적인 시장 감지(Visibility)를 통해 획득한 시장의 요구 변화에 대하여 내부 대응력(Flexibility)을 향상시키고 외부 파트너와의 연계(Collaboration)를 강화하는 것을 의미한다.

전사의 각 부문은 고객에 대해 명확한 지향점을 가짐으로써 고객의 요구 변화에 일괄적 대응을 가능하도록 해야 했다. 이를 위해서 공급망의 모든 계획은 통합되어 운영되어야 하며 각 부문은 균형 있는 실행 역량을 확보해야만 했다.

DDP는 패키지 주도가 아닌 성과 주도 변화(Performance Driven Change) 접근 방법이다. 프로세스 및 시스템을 전사적으로 적용해야 하는 규모와 복잡성을 감안, 강력한 변화의 의지를 가진 현업 오너를 중심으로 프로세스 단위별 프로젝트 팀이 구성되어 혁신을 추진했다.

프로젝트 목표 달성의 주체는 현업이고 따라서 이를 실현하는 To-Be 상세설계 및 구현 작업은 현업의 주도 아래 추진됨으로써 안정화 및 성공의 가능성을 더욱 높여 추진함으로써 성공적으로 마무리되었다.

혁신 2기

배경

- 특약점 재고 정물불일치에 따른 공급망관리 문제(과다재고, 결품 등)
- 고객 실거래 정보를 활용한 영업/마케팅 실행 이슈(데이터 신뢰성 등)
- 내부 ERP 구축 후, 고객 중심적 Transformation 필요(채널→고객까지)

추진 내역

CCP(Customer Centric PRM): 유통채널 파트너 관계 관리

ERP 도입을 통해 전사적 통합 기간 시스템을 구축한 이후, 아모레퍼시픽은 2003년부터 본격적인 내부 프로세스 혁신을 추진했다. 우선 고객 중심의 변화(Customer Centric Transformation)를 위한 공급망 진단 프로젝트를 통해, 지속적인 시장 감지(Visibility)를 통하여 시장의 요구 변화에 대하여 내부 대응력(Flexibility)을 향상시키고 외부 파트너와의 연계(Collaboration)를 강화하기 위해 3개 영역에 총 69개의 혁신과제를 도출했다.

이들 과제 중에서, 가장 선행적으로 추진되어야 할 과제는 유통 채널 파트너인 특약점과 전문점에 대한 가시성을 확보하는 것이었다. 당시 아모레퍼시픽의 기존 유통채널 시스템인 NEWS, POS 등은 각 채널의 특수성에 맞게 최적화되어 있어 시스템 간 통합성이 부족했다. C/S 환경의 거래 데이터 송수신 방식은 파트너의 판매/재고 정보 신뢰성

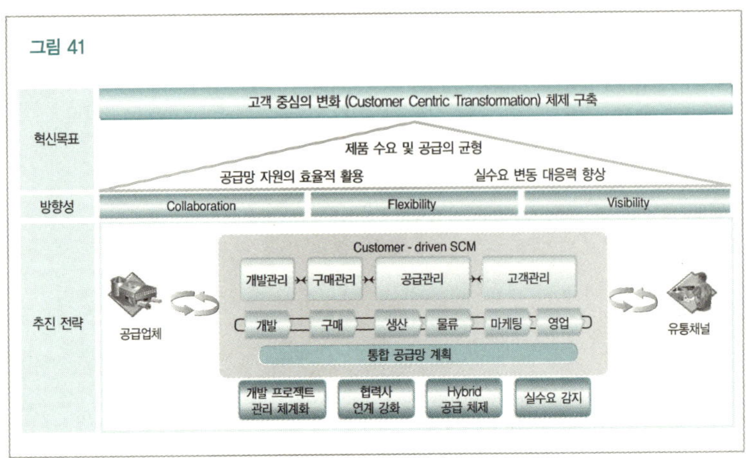

출처: 태평양 SCM 진단 프로젝트 보고서(2003. 8)

부족을 야기시켜, 결국 고객 중심의 영업 및 마케팅 전략에 효과적으로 활용되지 못하는 실정이었다. 아모레퍼시픽은 이를 개선하기 위하여 우선, 2003년 말에 현업이 주도하는 CCP(Customer Centric PRM) TFT를 발족하고, 고객 중심의 유통 시스템 환경 구축에 착수했다.

이 프로젝트는 아모레퍼시픽의 영업 프로세스 및 제도의 혁신을 포함하는 파트너 관계 관리에 대대적인 변화를 목표로 했다. 기존 유통채널 시스템의 웹 환경 전환을 통해 특약점 및 전문점과의 불필요한 실적자료 취합 및 분석업무를 줄이고, 신뢰적인 실시간 커뮤니케이션을 가능하게 했다. 또한 자동주문 시스템을 통한 주문 제안기능 활성화, 정물일치를 위한 프로세스 개선, 전문점 통합관리를 위한 프로세스 정립 등 변화관리를 병행 추진하여, 아모레퍼시픽의 기간 시스템과 유통채널 시스템 간의 데이터 정합성 및 가시성을 확보하고 전체 공급망을 강화하는 계기가 되었다.

한편, 이러한 유통채널 파트너와의 관계 강화는 궁극적으로 개별 파트너들에게 의존하던 최종 고객과의 관계 관리를 아모레퍼시픽이 좀더 적극적이고 전략적으로 수행할 수 있는 기반을 마련해 주었다. 즉 파트너 별 상품의 판매/재고 정보뿐 아니라, 고객의 구매정보까지 아모레퍼시픽이 실시간 공유할 수 있게 되면서, 기존 직접판매 채널 중심의 CRM을 간접판매 채널까지 확대할 수 있는 기반이 마련된 것이다.

CCC(Customer Centric CRM): 프레스티지(Prestige) 채널 고객관계관리

2000년 1월, 아모레퍼시픽은 'e-퍼시픽' 마스터 플랜을 수립함으로써, 21세기 글로벌 환경에서 회사가 나아가야 하는 방향성 설정 및 e-비즈니스 환경에서 아모레퍼시픽이 준비해야 될 것들을 도출했다. 이 중 대표적인 추진과제가 바로 고객관계관리(CRM)의 준비였다.

아모레퍼시픽은 국내 화장품 산업 최초의 고객관계관리 시스템인 프리즘(PRISM)을 2001년 구축했다. 우선 구매고객 정보의 취합이 쉬운 채널인 백화점 시장을 대상으로 OLAP 정보기술을 활용한 분석도구를 도입함으로써, 빠르고 체계적인 고객분석이 가능해진 것이다. 세분화된 고객 등급별로 차별화된 마케팅을 수행하는 CRM의 도입은 마케팅 실행에 놀라운 성과를 가져왔다. 개별 회원고객의 실적뿐 아니라 전체 월 평균 매출도 42.8% 급성장했다. 이에 고무된 아모레퍼시픽은 지속적인 CRM 캠페인 전개를 통해 역량을 확보하고, 시스템을 업그레이드함으로써, CRM을 도입하기 전보다 89.7%의 월 평균 매출 성장(백화점 사업부)을 이루었고, 고객 만족도를 높일 수 있는 토대를 마련했다.

아모레퍼시픽은 백화점 시장에서 확보한 이러한 고객관계관리 역량을 방판 시장에도 확대하기 시작했다. 2002년 화장품 방판 시장은 많은 국내 기업뿐 아니라 해외의 유명 기업도 진출을 꾀하게 되면서, 글로벌 무한 경쟁 시대에 돌입하고 있었다. 그러나 아모레퍼시픽의 방문판매원인 카운셀러들의 영업 방식은 수작업을 통한 장부 기입에 의존하고 있었으며, 이들 카운셀러의 영업력 강화를 지원하기 위한 어떤 시스템도 존재하지 않았다. 이에 따라 카운셀러들에 의한 체계적인 고객관리를 기대하기 힘든 상황이었다. 아모레퍼시픽은 이를 혁신하기 위해 먼저, 모바일 기기를 활용한 영업력 강화 활동을 추진했다. 단기적으로는 카운셀러의 업무와 대고객 영업업무에 디지털 도입이라는 업무처리의 혁신을 가져오게 했다. 궁극적으로 영업 생산성 증대와 고객 만족을 달성하는 일련의 프로세스와 시스템 구축을 통해 CRM 전략을 연계한 지속적인 시장의 우위를 지켜내는 것을 목표로 했다.

카운셀러 전체를 대상으로 새로운 시도를 하는 일이 위험하다는 판단 아래, 우선 직영 영업소 2개점의 카운셀러 100여 명을 대상으로 시행한 후 점차 대상을 확대해 나가는 단계적 전략을 세웠다. 2003년 방판 카운셀러 눈높이에 맞는 모바일 영업 자동화 시스템인 IRIS를 구축하여, 전 영업소의 카운셀러를 대상으로 완전 보급하게 되었다. 이후 2004년, 특약점용 유통채널 시스템인 NEXT와 연계된 CRM 기능을 IRIS에 추가하고, 고객 분석 시스템인 PRISM 시스템에 방판 고객 데이터를 통합함으로써, 아모레퍼시픽은 백화점과 방판 시장의 CRM 기반을 완성했다.

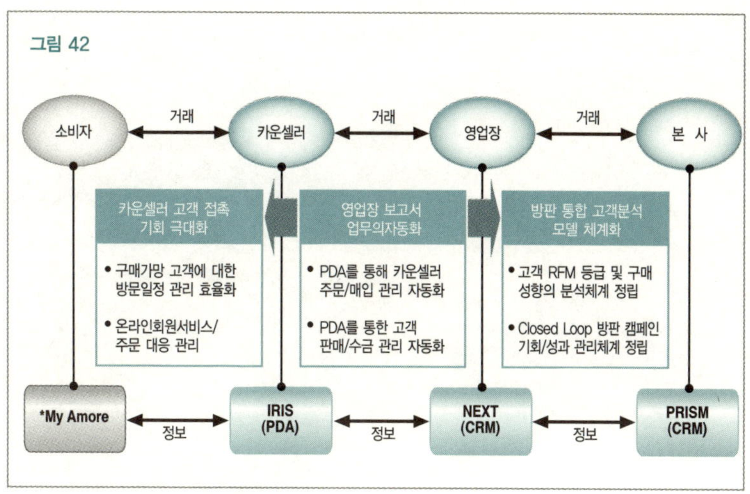

출처: 태평양 ccc 프로젝트 보고서(2004)

SO(Strategic Outsourcing): 전략적 아웃소싱 추진

아모레퍼시픽은 뷰티 & 헬스 분야에서의 글로벌 리더로 성장하기 위해 핵심역량에 모든 자원을 집중하고 고객과 시장에 경쟁자보다 빠르게 대응하는 전사적인 대응 체제의 구축이 필요했다. 정보시스템 기술은 그러한 변화의 핵심 원동력이었다. 따라서 아모레퍼시픽은 일반적인 비용 절감뿐 아니라 서비스 품질 향상, 나아가 비즈니스 혁신까지 포함하는 전략적 아웃소싱을 한국IBM과 2003년 8월부터 시작했다.

아모레퍼시픽 정보조직인 BIS(Business Information Services)는 현업 요구 사항에 대한 지원에서 급변하는 정보 기술적 추세를 분석하고 이를 신속하게 비즈니스에 적용하는 데 한계가 많았다. 특히 비즈니스 솔루션에 대한 대응은 오랜 기간의 프로젝트 경험과 비즈니스 프로세스 지식을 갖춘 인력들을 지속적으로 필요로 하지만, 자체적인 역량부

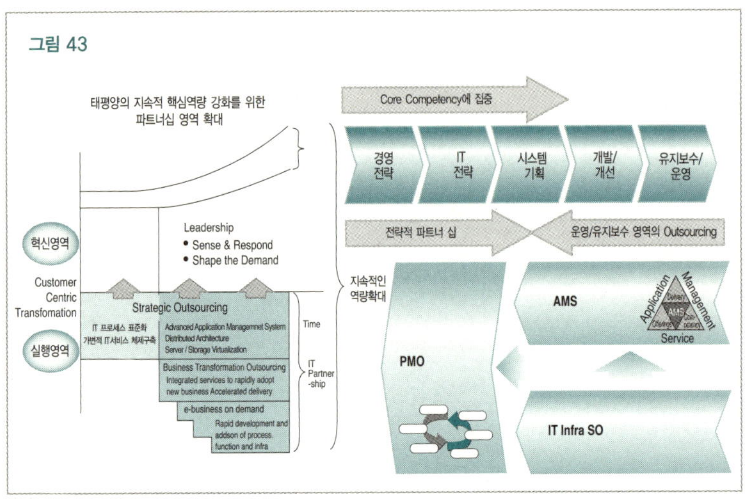

족으로 상당 부분을 외부에 의존할 수밖에 없는 실정이었다. 따라서 현업의 높은 기대수준을 충족시키고, 비즈니스 기여도를 극적으로 향상시키기 위해서는 조직, 인력, 기술, 프로세스 및 관리운영 체제 등 기존 정보조직의 역할을 재편하는 변환(Transformation)의 추진도 불가피했다.

가장 우선적으로 추진한 범위는 기술 위주의 정보시스템 인프라 서비스, 사용자 지원 서비스 및 적용업무 기술지원 등이었다. 즉 전체적으로 기술 측면의 파트너십을 강화하여, 한국IBM의 정보기술 역량을 최대한 활용하는 시너지 전략을 계획했다. 또한 정보시스템 관리, 운영의 선진 프로세스를 도입하고, 정보시스템 자원의 신속하고 유연한 지원을 위해 인프라를 최대한 활용하며, 정보시스템 비용구조를 가변화하는 데 초점을 맞추었다. 특히 기존에 미약했던 사용자 지원 서비스를 대폭 강화하여 사용자의 생산성과 서비스 만족도를 지원하는 기본 구도를 확립했다. 기술 중심의 제반 요소들에 적용업무와 관련한 스킬과 프로세스, 관리 도구도 추가 정립함으로써 효과성을 극대화하고 위험을 효과적으로 통제할 수 있었다.

한편으로는 BIS 내부적 효율성을 위해 핵심역량 강화 및 집중 프로세스 정립, 조직 및 인력 변환과 투자에 대한 중장기적 BIS 변환 로드맵을 수립해 변환 추진을 준비했다. 이러한 로드맵에 따라 적용업무에 대한 사용자 지원 서비스가 추진되었고, 2004년 적용업무 유지보수, 관리까지 아웃소싱을 확대 적용했다. 이로써 아모레퍼시픽은 다른 기업들이 쉽지 않다고 평가하던 IT에 대한 포괄적인 아웃소싱을 성공적으로 수행해 가고 있다.

6시그마: 선진 경영기법의 도입

태평양은 동종 업계에서 보기 드물게 다양한 혁신 활동을 통해 기업 변신을 끊임 없이 수행하여 많은 성과를 가져왔다. 하지만 글로벌 리딩 기업으로 도약하기 위해서는 부족한 점이 없지 않다. 프로젝트팀 중심으로 혁신 활동을 진행함으로써 전사 임직원의 참여를 충분히 끌어내지 못했고, 프로세스보다는 기능 개선 중심으로 진행되어 온 경향이 있었다. 혁신 방법의 전환을 의미하는 6시그마 경영혁신은 21세기 급변하는 경영환경의 변화 속에서 '2015년 글로벌 Top 10 진입'이라는 목표 달성을 위해 고객의 핵심적인 요구사항을 제대로 파악해서 업무 프로세스를 지속적으로 변화시키기 위해 추진되었다. 태평양 6시그마 추진 방향에 대해서는 아모레퍼시픽 CEO의 다음과 같은 강력한 추진 의지에서도 엿볼 수 있다.

이러한 21세기 목표 달성을 위한 실천력 있는 성장 엔진으로 도입된 6시그마는 2005년부터 본격적으로 추진되었다. 2003년 연구개발 부문 도입을 시작으로 2005년에는 영업, 마케팅, 지원 등 전사 모든 업무가 참여하는 전사 활동으로의 6시그마 경영혁신을 본격 가동했다. 도입 첫 해인 2005년도는 도입 단계로서 추진 기반을 확립하기 위해 6시그마 마스터 플랜을 수립하고 연이어 각 부문에서 가장 우수한 최정예 인력으로 블랙벨트 후보자를 선발해 과제를 추진했다. 태평양은 특히 그룹 전체의 중심이 영업과 마케팅인 만큼 수행 과제 수의 60% 이상이 양 부문의 과제에 집중되었다. 영업 현장에서 고객이 불만을 느끼는 사항을 사전에 감지해 해결하는 민첩성을 보였다.

2006년부터 2007년까지 2년간은 확산 단계로서 도입 단계의 성과를 가시화하는 단계로 진입해 나가고 있다. 성과 가시화란 2005년도 이후 수행된 과제가 단순히 프로젝트 차원에서 머물지 않고, 실제 영업 현장, 제품 개발에서 생산을 거쳐 고객에 손에 이르는 모든단계에

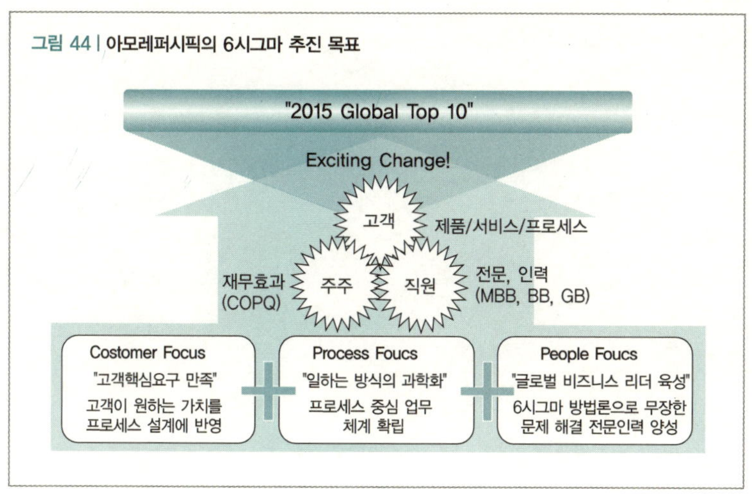

걸쳐 과제 수행을 통해 도출된 핵심 지표를 지속적으로 관리해 나가는 단계다. 이를 위해 태평양은 월별로 모든 과제에 대해 모니터링을 실시하고 있으며, 이를 통해 손에 잡히는 재무성과를 창출해 내고 있다. 2006년은 아울러 태평양의 6시그마가 아모레퍼시픽 본사를 넘어서는 시발점이 되고 있다. 2005년도에 아모레퍼시픽 본사 중심으로 추진되던 6시그마 활동에 2006년부터는 부산, 대구, 광주, 대전의 4개 지역사업부와 에뛰드, 아모스, 장원산업, 퍼시픽글라스 등 4개 계열사가 참여하게 되었다. 명실공히 전 태평양인이 혁신의 전사가 되어 고객 만족을 향해 달려가는 전기가 마련되고 있는 것이다. 이를 위해 2006년도에 블랙벨트 과제 약 84개, 그린벨트 과제 약 137개 등 약 221개 이상의 6시그마 과제가 수행될 예정이다.

태평양은 2008년부터 그 동안 다져진 6시그마 추진 기반을 한 차원 발전시켜 그룹 내부의 '혁신 DNA'로 체질화시키는 단계로 접어들 예

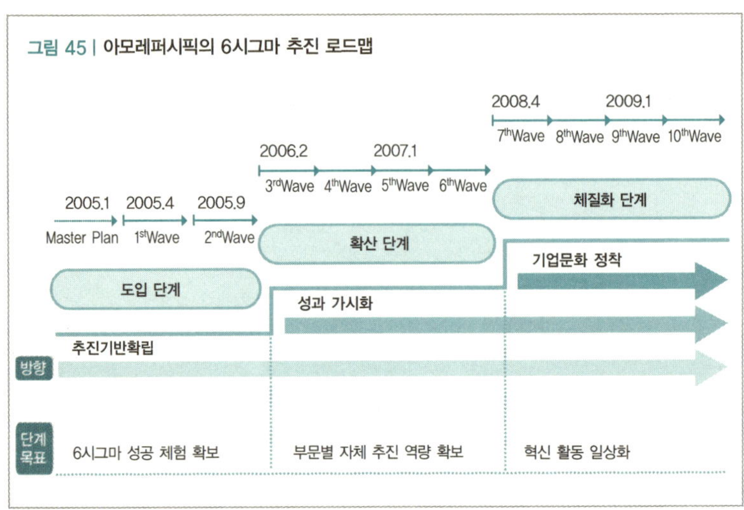

정이다. 이 시기가 실질적으로 태평양 6시그마를 통한 경영혁신 성공
을 좌우하는 단계다. '일하는 방식' 그 자체가 혁신으로 이어지는 혁신
의 일상화와, '일하는 주체'인 혁신 인재들에 의해 움직여지는 역동적
인 태평양으로 거듭날 것으로 목표로 하고 있다.

지속적인 기업성장을 위한 성공요인

C · H · A · P · T · E · R · 7

'대한민국 존경받는 기업'
프로젝트

혁신을 통한 성장은 '기업의 지속성(sustainabillity)' 이라는 경영자의 또 다른 과제와 깊은 관련이 있다. 혁신을 통한 성장은 지속적인 성장을 이루기 위한 필요조건이긴 하지만 충분조건은 아니다. 이 책의 세번째 주제인 지속적인 성장을 이루기 위한 기업모델은 기업의 윤리성과 관련된 것이다.

미국 〈포천〉이 선정하는 '가장 존경받는 기업'은 '재계의 아카데미상'으로 불릴 정도로 권위를 인정받고 있다. IBM은 〈포천〉의 기업 평가에서 무려 4회에 걸쳐 1위에 올랐다. 그 이유는 IBM의 글로벌 윤리·투명경영에서 찾을 수 있다. IBM은 회계 조작을 막기 위해 자세한 내부 기록을 보존하고, 필요한 것은 투명하게 공개하는 것을 지침으로 삼고 있다. 특히 엔론 사태 이후에는 회계 감사와 컨설팅의 중복을 금지했다. 이처럼 IBM은 투명한 회계 처리 덕분에 신뢰를 회복할 수 있었다. '윤리·투명경영'은 세계의 다국적 기업들에게 피할 수 없는 명제가 되고 있다.

IBM도 한때는 '실패한 윤리경영'으로 곤욕을 치른 적이 있다. IBM의 아르헨티나 지사는 세계에서 가장 수익이 많이 나는 곳으로 알려져 있었으나, 1999년 당시 매출이 7억 달러에서 4억 5,000만 달러로 급감했다. 아르헨티나의 사업 특성상 뇌물을 주지 않으면 안 되는 현실을 인정했고, 이와 같은 사실이 발표되면서 회사의 윤리성에 치명타를 입었다.

윤리·투명경영은 기업이 지속적으로 성장할 수 있도록 해주지만, 이를 이루지 못해 신뢰를 잃으면 더 큰 타격을 입는다. 전통과 역사를 자랑하던 일본의 식품회사 유키지루시가 사용금지된 원료를 사용하다가 결국 도산한 것, 미쓰비시자동차가 미국 본사의 성희롱 사건과 불량부품 은폐 사건 등을 제대로 수습하지 못하고 3년 사이에 세 명의 CEO가 교체된 것이 대표적이다. 이런 사례들은 기업 이미지 추락이 경영에 얼마나 큰 피해를 안겨주는지 극명하게 보여준다. 비윤리적인 경영을 통해 한번 잃은 신뢰는 쉽게 회복하기 어렵다.

윤리경영의 시행 초기에는 기존에 없는 업무 프로세스가 새로 생기는 등 사내 거부감 등의 시행 착오가 나타날 수밖에 없는데, 이를 극복하기 위해선 최고경영자의 의지가 선결돼야 한다. 이런 점에서 미국의 벨, 애틀랜틱 등이 CEO와 최고 윤리담당위원(Chief Ethics Officer)을 겸직하도록 한 점이 눈길을 끈다. 최고경영자가 회사의 투명·윤리경영을 진두지휘토록 한 것이다. 뿐만 아니라 미국윤리담당임원협의회(EOA)의 조사에 따르면 미국 기업의 25% 이상이 이사회 산하에 윤리위원회를 설치, 운영 중이다. 투명·윤리경영을 통해 존경받는 기업이 되는 것은 우리의 기업들이 지향하는 목표가 되고 있다.

이 책은 마지막 주제로 지속적으로 성장하는 기업이 되기 위한 모델, 즉 존경받는 기업상을 제시하고, 더불어 IBM 글로벌 비즈니스 서비스가 2004년부터 〈동아일보〉와 공동으로 추진해 온 '존경받는 기업' 프로젝트에 대한 실제 적용 사례를 소개한다.

한국 IBM 글로벌 비즈니스 서비스의 '존경받는 기업' 프로젝트

IBM이 고객에게 전달하려는 메시지는 경영혁신이다. 경쟁적 환경에서 비즈니스 성장의 원동력은 변화에 대응하고 위기를 기회로 바꾸는 내부의 끊임없는 혁신이다. 하지만 이는 말 그대로 어디까지나 '경영적인' 측면에서의 혁신만을 이야기한다. 물론 기업은 경영 실적으로 우선 평가받는다. 그러나 기업 문화가 바뀌지 않은 채, 몇몇의 뛰어난 인재에 의존하거나 외부 전문가의 도움을 받은 비즈니스 통찰력 내지 기술혁신만으로 경영혁신을 이룬 기업은 그 성공이 영속하지 못할 가능성이 높다.

세계적으로 기업윤리에 대한 관심이 증가하고 있다. 과거에는 경영적 측면에서 '좋은' 기업들이 존경받는 존재였다. 현재는 이 판도가 바뀌고 있다. 세계 최대의 에너지 회사인 엔론과 업계 2위의 장거리 통신 회사 월드콤은 사상 초유의 회계부정으로 단숨에 파산했다. 그 외에도

제록스, AOL 타임워너 등도 회계장부의 정정을 요구받아 기업 이미지
가 실추돼 비즈니스에 심각한 타격을 입기도 했다.

굳이 해외의 사례까지 들지 않더라도, 우리나라 역시 IMF를 거치면
서 분식회계를 한 여러 대기업들이 무너지는 것을 경험했고, 최근에는
사회의 여러 차원에서 기업윤리 확립을 위해 힘쓰면서 윤리경영의 중
요성에 대한 인식이 점차 강화되고 있다. 2002년 산업자원부가 조사한
결과에 따르면, 국내 50대 기업 중 87%가 윤리경영의 필요성을 인정한
다고 나타났다. 최근에는 많은 최고경영자들이 인터뷰를 통해 윤리경
영을 강화하겠다고 밝히고 있다. 이처럼 기업들에게 아무리 성과가 높
고 규모가 큰 우량 기업이라 할지라도 윤리적이지 못한 기업은 살아남
을 수 없다는 인식이 확산되어 가면서 윤리경영에 대한 관심이 증가하
고 있다. 그러나 윤리경영은 주주 이익을 극대화하는 과정에서 반드시
준수해야 하는 기본적인 사고이지 경영혁신이나 새로운 단계로 진일
보하는 발전과정은 결코 아니다.

이 외에도 직원에 대한 개발과 투자, 제품 및 서비스의 질, 장기적인
투자 가치 등 기업평가에는 수많은 잣대가 있다. 이러한 잣대들로 재어
'좋은' 기업으로 평가된 수많은 기업들 중에서도 차별화된 뛰어난 기
업들이 있다. 그렇다면 그저 평범하게 좋은 기업들과 선두 기업들 간의
차이점은 무엇일까. 선두 기업들은 어떤 상품의 우연한 히트나 행운이
따라주어 그 위치에 도달한 것이 아니다. 이들은 기업의 목적인 '이익
창출'에만 전념하지 않고, 기업 전반에 '존경받는' 문화를 심으며 이를
행동으로 실천하는 집단이다. 사회의 존경을 받으며 그 위업을 사회에
환원하는 집단이 되기 위해서는 단순한 돈벌이가 아닌 그들의 핵심 가

치와 목적이 있어야 한다. 이처럼 존경받는 집단이 다수 존재할 때 사회는 물론 모든 이해관계자가 훨씬 나은 삶을 누리게 될 것이다.

이러한 맥락에서 한국 IBM 글로벌 비즈니스 서비스는 '존경받는 기업' 프로젝트를 시작했다. 자사의 사업 목적인 경영혁신을 통해 고객의 잠재력을 실현하여 최대의 성과를 올릴 수 있도록 안내하는 것에 그치지 않고, 대한민국 기업들에게 '존경받는 기업상'을 제시함으로써 '경영혁신' 뿐 아니라 진정한 '혁신'을 주도하는 기업으로 발돋움하는 것을 도우려는 취지에서다.

본 프로젝트 팀은 최고 수준의 연구진을 망라한 IBV(The IBM Institute of Business Value, IBM 기업 가치 연구소) 내 IBM의 네트워크를 활용한 전 세계적 규모의 여러 조사 및 연구 결과 외에도 올바른 기업상에 대한 다수의 논문과 참고자료를 연구하고, 국내외 기업 시상도 참고해 '존경받는 기업상'을 도출해 내었다.

이 평가는 단지 기업성과만을 기준으로 삼는 것이 아니라 기업윤리나 사회적 영향력, 그리고 종업원 복지 등과 같은 여러 선정 기준이 고려돼 있다. 이처럼 복합적인 기준들을 합리적이고 일관된 방식으로 적용하면서, 분야별로 다른 기업들을 동시에 공정하게 비교하기 위해 외부에서 정평이 난 실무급 전문가를 초빙했다. 그리고 그들을 선정위원회로 두어 기업군별, 다섯 가지 차원(주주, 고객, 직원, 사회, 환경)별 가중치에 대한 설계를 했다.

'대한민국 존경받는 기업' 프로젝트는 순수한 비영리 시상이며, 기업이 스스로를 평가하도록 하는 설문조사 방식도 평가에 반영되는 등 여러 측면에서 기존의 기업 시상과는 차별화를 두었다. 일례로 삼성화재의 경우 국내 수많은 시상들이 대부분 영리를 목적으로 하기 때문에 공정성에 문제가 있다고 판단, 지금까지 모든 시상에 대응하지 않는 것을 원칙으로 삼고 있으나, 2005년부터 최초로 본 시상에 참여했다.

이 장에서는 존경받는 기업이란 어떠한 기업이며, 존경받는 기업을 선별하기 위한 평가체계의 구성, 그리고 마지막으로 존경받는 기업이 되기 위한 방법을 구체적으로 살펴보도록 하겠다. 한국 IBM 글로벌 비즈니스 서비스가 존경받는 기업 프로젝트를 진행하면서 얻은 시사점을 공유함으로써 우리나라의 기업들이 존경받는 기업에 한 걸음 다가서는 데에 도움이 되었으면 한다.

'존경받는 기업'이란 무엇인가?

사실 존경받는 기업의 의미는 어떻게 정의하느냐에 따라 다를 수 있다. 매출액이나 자산과 같이 외형적으로 규모가 큰 기업을 의미할 수도 있고, 세계적인 기술력을 보유한 회사를 의미할 수도 있다. 때로는 소유와 경영의 분리가 잘 되어 있고 조화로운 노사관계를 유지하고 있는 기업이 가장 일하고 싶은 기업을 뜻하기도 한다. 윤리가 반영된 신뢰성을 바탕으로 성공적인 경영성과를 달성한 기업들이 존경받는 대상이기도 하다. 한국 IBM 글로벌 비즈니스 서비스는 이러한 인식들을 종합해 다음과 같은 정의를 내렸다.

존경받는 기업이란 핵심 경쟁력을 기반으로 새로운 가치를 창출하며 사회와 환경에 대한 공헌과 공정한 기업 활동을 실천함으로써 기업의 재무적 성과 창출과 그 책임 이행을 선도해 나가는 기업이다. 이들이 필수적으로 가져야 할 세 가지 핵심 요소는 '혁신성', '윤리성', '공헌성'으로 보았다.

혁신성은 지속적이고 창조적인 혁신 활동을 통해 새로운 시장을 개척하고, 시장 지배력을 강화해 우수한 재무성과를 달성하는 기업을 뜻한다. 시장 수요에 신속히 대응하는 기업, 새로운 시장을 개발하여 새로운 수요를 창출하고 독점 가능한 가치를 제공하는 기업, 시장 환경의 변화에 제품, 서비스, 전달 이 세 가지의 플랫폼을 혁신의 동인으로 적절히 활용함으로써 지속적인 가치혁신을 이어가는 기업을 의미한다. 일례로, 키네폴리스는 쇠퇴하는 극장 산업에서 멀티플렉스(Multiplex)라는 개념을 창출해 극장 산업계의 부흥을 일으켰다. 극장이라는 개념에서 탈피해 음식, 쇼핑, 무료주차 등 원스톱 서비스를 제공하는 공간으로 탈바꿈함으로써 경제적 효과를 부가적인 산업으로까지 확산

시켰다. CNN도 마찬가지로, 초창기 신문과 차별성이 전혀 없던 네트워크 형태를 '전세계 대상 24시간 실시간 뉴스 제공'이라는 새로운 서비스로 전환했다. 신문사, 동종 언론사들과의 경쟁이 아닌 새로운 서비스 유형을 제공함으로써 시장에서 독보적인 경쟁력을 확보했다.

윤리성은 윤리적·법적 기업 활동을 규율하는 정도와 원칙이 얼마나 세워져 있으며, 이를 준수하기 위한 실천적 노력이 이루어지고 있는 기업을 선별하기 위한 요소다. 이 요소는 기업이 사회적으로 정당한 역할이나 활동을 하여 시장으로부터 지속적인 신뢰를 얻는 데 기여한다. 높은 수준의 윤리성이 유지되는 기업에서는 구성원도 자부심과 보람을 얻어 생산성이 향상되는 현상이 두드러지기 때문에 기업의 존속에도 필수적이다. 실제로 2001년 전국경제인연합회(전경련)에서 조사한 결과에 따르면, 기업윤리를 제정한 기업은 제정하지 않은 기업보다 4년간(1997~2000년) 영업이익률이 높았다.

윤리적인 기업으로 알려져 있는 존슨 앤 존슨(Johnson & Johnson)은 'Our Credo'를 1943년 이후 명문화하여 이를 윤리강령으로 삼아 경영에 반영하고 있다. 1982년 타이레놀 사건 당시 'Our Credo'에 명시된 '고객에 대한 책임'에 따라 타이레놀 전량을 회수하는 결정을 내렸다. 이로 인해 존슨 앤 존슨은 1억 달러 이상의 손실을 입었으나 정직한 기업 이미지를 굳건히 다져 향후 사업에 더욱 신뢰성을 더했다. 또한 여기에는 특징적인 절차가 있는데, 정책결정 과정에서 '레드 페이스 테스트(Red Face Test)'를 통과해야 한다는 것이다. 이는 자신이 내린 결정이나 행동을 가족에게 얼굴을 붉히지 않고 설명할 수 있을 만큼 윤리적이었는가를 시험하는 것이다. 우리나라에는 동원 F&B의 경우가 잘 알려져 있다. 정도 경영의 실천이 각종 이해관계자 집단에게 만족을 주고자 하는 노력으로 나타나고 있으며, CEO의 '지나치게 정직한' 납세가 신문지상에 보도되어 윤리적인 기업 이미지를 제고했다. '동원 F&B인의 행동 기준'이 제정되어 있으며, 제1회 '대한민국 존경받는 기업'에서 수상한 바 있다.

공헌성은 사회의 일원인 기업 시민으로서 직원, 지역사회와 사회 전반, 나아가 환경을 배려하는 정책과 활동을 펴는 기업을 구별하기 위한 요소다. 이 요소의 수행을 통해 기업은 사회적 이미지가 제고되고, 지역사회가 발전하고 개발함에 따라 높은 수익을 얻을 수 있는 기회를 얻는다. 더불어 기업에 대한 기업 구성원들의 자부심이 제고되며 궁극적으로 직원들의 생산성이 높아지는 효과를 얻는다. 또한 에너지 효율의 향상이나 환경 친화적 경영 등의 노력은 기업의 수익성 향상과 이미지 제고 효과를 동시에 가져온다. 이러한 기업으로 인식되기 위한 노력에는 현금 · 현물 자선 활동, 자원봉사, 지역사회 개발 등의 방법으로 지역사회 및 사회 전반에 공헌하는 것, 에너지 효율 향상을 위한 노력, 환경 친화적 경영 활동 및 국제 환경 기준의 준수와 선도 등이 있다.

다섯 가지 차원에 대한 기업평가

한국 IBM 글로벌 비즈니스 서비스는 이러한 세 가지 핵심 요소의 기업별 성취 정도를 평가하기 위해 이를 다섯 가지 차원별로 나누었다. 기업과 관계를 맺고 있는 그룹을 대표하는 '주주', '직원', '고객', '사회', '환경' 등의 다섯 가지 차원에서 기업을 평가하는 것이 '대한민국 존경받는 기업’ 평가체계의 요체다. 주주 차원에서는 지속적인 생산성 향상 및 혁신 활동으로 업계를 선도하며 투명한 경영과 지배 구조의 건전성을 바탕으로 주주가치를 극대화하는 기업, 직원 차원은 직원의 역량을 최대로 발휘할 수 있는 근무환경을 지원함으로써 종업원의 기업가치 기여를 극대화시키는 기업, 고객은 고객 차원의 신뢰성을 바탕으로 높은 품질의 상품과 서비스를 제공하여 고객에게 총체적인 만족을 주는 고객 중심 기업이다. 그리고 사회 차원은 사회의 일원인 기업 시민으로서 제반 법규를 준수하며 사회에 기여하는 기업, 마지막으로 환경 차원은 환경과 자원을 배려하는 정책을 실천하며, 기업의 자본과 역량을 활용해 환경보호에 기여하는 친환경 기업을 선별하려는 등의 차원별 정의를 내렸다.

결론적으로, 진정한 의미의 존경받는 기업이란 기업의 경제적·법적 책임 수행은 물론, 사회적 통념으로 기대되는 윤리적 책임의 수행까지도 기업의 기본적인 의무로 인정하고 주체적인 자세로 사회에 공헌하는 기업을 말한다. 여기서 간과하지 말아야 할 점은 존경받는 기업이 되기 위한 노력이 막연히 도덕적인 기업이 되자는 개념이라기보다는 잘못된 관행이나 비용 구조를 윤리적 기준에 맞도록 바로잡아 기업의 경쟁력을 높이고 경제적 부가가치를 극대화하는 방향으로 경주되어야 한다는 사실이다.

C·H·A·P·T·E·R 8

기업 평가체계 및 조사 분석 방법

설문지와 외부 조사를 통한 평가

본 프로젝트의 평가 대상 자격은 KOSPI 상장기업 중 상위 100개 기업, KOSDAQ 상장기업 중 상위 50개 기업, 그리고 외부 심사위원단의 추천으로 비상장 기업 10개를 포함한 총 160개 기업이다. 참가 기업의 수를 제한한 이유는 일정 규모 이하의 기업은 참여하기 어렵다는 것을 첫 회 프로젝트 진행 경험을 통해 파악했기 때문이다. 설문의 평가방식이 상당히 복잡해 전담 직원이 없으면 답변하기 어려울 뿐 아니라, 시간 소요가 많으므로 임원의 적극적인 관심이 없으면 재무성과가 작은 기업들은 수상 가능성이 낮다고 판단하여 참여를 거부했기 때문이다. 유사 시상과는 달리 비영리적으로 진행된다는 인식이 확산됨에 따라 본 시상에 대한 신뢰도가 높아졌다.

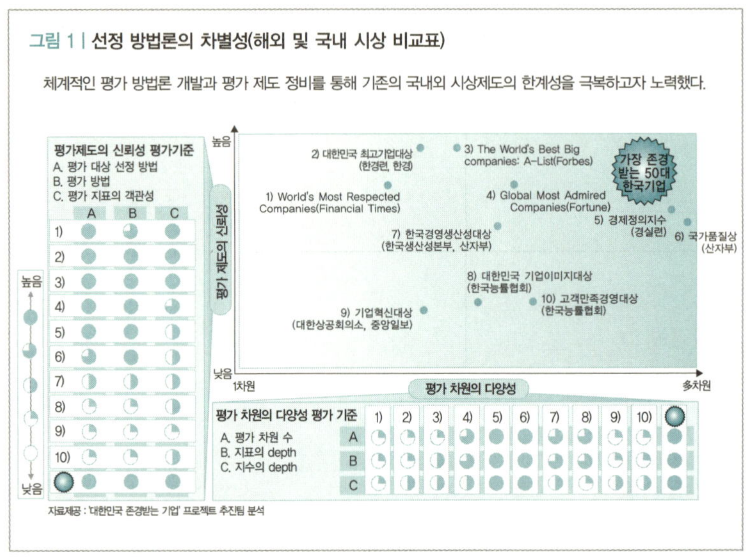

다섯 가지 분야로 나뉘어 전문적인 이해를 바탕으로 사실을 조사하는 본 설문 특성상 여러 부서의 협조가 이루어져야 하므로 임원급 이상의 인물이 능동적으로 이끌어야 답변이 가능했다. 따라서 설문지를 받은 후 여력 부족으로 참가를 포기하는 기업들이 많았으나, 일단 참여를 결정한 기업들의 관심 및 설문에 대한 신뢰도는 상당한 수준이었다.

다른 시상들은 주로 외부에서 그 기업을 어떻게 평가하는지에 따라 순위가 결정되지만, 본 평가체계는 설문 조사 방식을 통해서 스스로 회사 전반에 대해 평가하도록 함으로써 회사의 문제점을 파악할 수 있게 한다. 평소 좋은 이미지로 다른 시상에서 상위권에 올랐던 일부 회사들의 경우 본 설문을 작성한 후 내부 검토 단계에서 낮은 성적을 우려한 임원이 결제해 주지 않아 참여를 못하기도 했으나, 본 설문을 작성하면서 많은 공부가 되었다며 고마움을 표시하고, 내년부터는 꼭 참여하고 싶다는 의사를 전달한 사례도 있었다.

외부 조사를 통해서는 시장에 공개되어 있는 자료를 분석했다. 재무분석부터 회계기준 준수, 공정공시기준 준수, 공정거래와 경쟁 관련 법규 준수, 기업운영부터 환경 준법 지수 등 다수의 공개자료를 별도의 리서치 전담반이 조사하여 반영했다. 정성적 지표보다는 계량화된 재무 및 통계자료를 적극 활용해 평가의 객관성과 공정성을 최대한 확보했다.

가중치 반영을 통한 합리적이고 공정한 비교

이러한 일련의 설문과 외부 조사를 거쳐 수집된 데이터를 복합적인 기준들을 세워 합리적이고 공정한 방법으로 분야별 다른 기업들을 동시에 비교하기 위해 가중치를 두어 평가에 반영했다. 각 차원별로 가중치를 결정하고, 또 차원 내의 각 CSF(Critical Success Factor: 핵심역량)별 가중치, 그리고 CSF내 각 KPI(Key Performance Indicator: 핵심 성과 지표)의 가중치를 결정하는데, 공정성과 전문성을 기하기 위해 각 차원별로 학계·업계의 저명한 실무급 인물을 선정위원단으로 초빙했다. CEO급이 아닌 실무급 전문가를 초빙한 데에는 그만큼 선정위원회의 참여가 지속적으로 요구되고, 전문 분야의 실무적인 지식이 필요했기 때문이다. 선정위원단은 기업평가체계의 수준 향상에 기여해 참여 대상 기업 리스트를 확정하고, 조사 방법론에 대해 논의를 벌여 설문 내용을 보완하며, 각 차원별 가중치나 문항별 점수를 결정한다. 조사 후에는 분석 결과를 검토하고, 수정할 사항에 대해 토론하며 추가 인터뷰 대상을 정하고, 마지막으로 최종 랭킹을 검토한다.

차원별 조사 분석 방법 및 존경받는 기업상(企業象)

앞서 언급했듯이 '혁신성, 윤리성, 공헌성' 세 가지 핵심 요소의 기업별 성취 정도를 평가하기 위해 기업과 관계를 맺고 있는 그룹을 대표하는 '주주', '직원', '고객', '사회', '환경' 등 다섯 가지 차원별로 나누었다. 각 차원별 조사 분석 방법을 살펴보도록 하자.

주주 차원

주주 차원에서 존경받는 기업은 투명한 경영 활동, 혁신 활동 및 지배구조의 건전성을 바탕으로 주주가치를 극대화하는 기업으로 정의되었다. 이러한 정의를 바탕으로 재무성과, 재무건전성, IR 활동, 회계 및 공시의 투명성, 지배구조의 투명성, 혁신 활동, Risk 관리 및 IT 역량 등 여덟 가지의 CSF를 평가했다. 특히 주주 차원에서는 선정위원들의 결정에 따라 평가시 기업의 지배구조 투명성에 좀더 많은 가중치를 두었다.

미국 미시간 대학의 연구에 따르면 효과적인 기업 지배구조를 갖춘 기업은 그렇지 못한 기업에 비해 더 많은 고수익의 투자 기회를 맞이하며, 외부 자금조달에서도 유리한 조건을 갖게 된다고 한다. 맥킨지

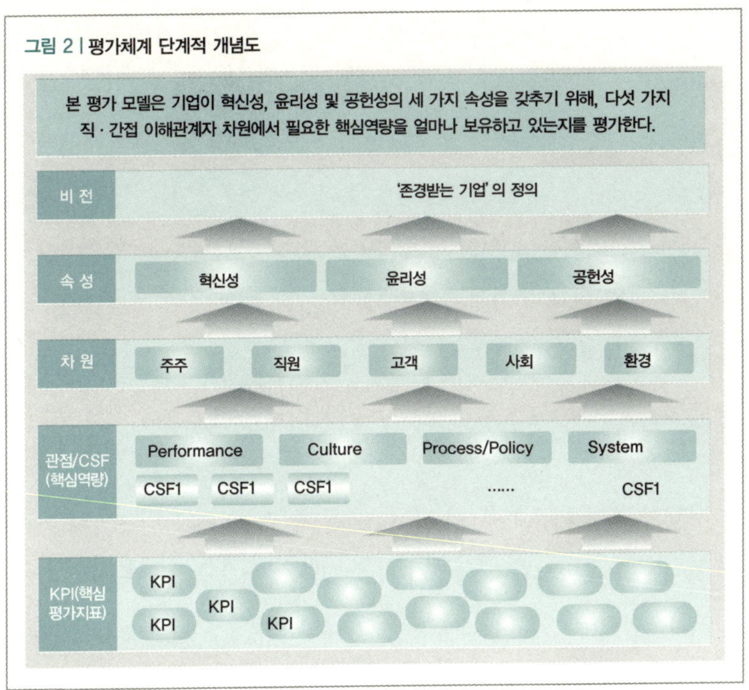

에서도 투자자들은 엄격한 기업지배기준을 갖춘 기업에 높은 프리미엄을 주며, 이는 10~12% 정도의 기업가치 증대 효과가 생긴다는 것을 밝혀내었다. 최근까지도 법률이나 규제와 연관된 이슈로만 여겨지던 기업지배 구조는 주주가치와 윤리경영의 기본으로 조명되고 있다. 이는 또다시 '존경받는 기업'의 정의와도 밀접한 연관을 가지는 것이라 할 수 있다.

직원 차원

직원 차원에서 존경받는 기업은 직원들이 역량을 최대한 발휘할 수 있는 근무환경 및 분위기를 제공함으로써 직원들의 기여도를 극대화하는 기업으로 정의되었다. 역시 이러한 정의를 바탕으로 직원 만족도, 복리후생, HR 기능, 교육 프로그램, 노사관계, 내부 커뮤니케이션 등 여섯 가지 CSF가 평가되었다. 직원에 대한 진정한 관심을 통해 공동체 의식과 주인의식을 높이도록 노력하는 것이 존경받는 기업상이라 할 수 있다. 따라서 우리사주제, 경영참여 기회 확대, 다층화된 불만처리 과정, 혁신을 위한 권한 부여, 복지제도 등에 관한 설문으로 인간 존중 측면을 강조하여 직원의 주인의식 함양을 통한 기업성과 개선 측면에서 접근했다.

성장과 시장 대응력(res-ponsiveness)을 제고하려면 직원은 인력 운영의 효율성과 기업성과를 향상시킬 수 있는 방법으로 조율되어야 한다. 직원이야말로 차별화된 경쟁력이며 '내부 역량(the capability within)'이기 때문이다. 일례로 Fel-Pro는 여타 회사와 달리 직원에 대한 각종 지원혜택을 지속적으로 증가시켜 왔다. 직원의 자녀에게는 국채, 산모에게는 꽃다발과 아기 이름이 새겨진 신생아용 신발을 선물하고, 사내 무료육아원 운용 지원뿐 아니라 기저귀 구입 비용, 장애아일 경우 양육 관련 교육과정에 소요비용 보조, 직원의 학비 등을 보조한다. 그 결과 기업에 대한 직원들의 충성도가 증가해 직원들이 조직에 자발적으로 참여하고, 회사의 품질개선 활동에 적극적으로 나서며, 동료와 상급자에 대한 배려가 늘어서 더욱 일하기 좋은 회사로 거듭나는 효과를 누렸다

고객 차원

고객 차원에서 존경받는 기업은 고객의 신뢰를 바탕으로 높은 품질의 상품과 서비스를 제공함으로써 고객에게 총체적인 만족을 제공하는 기업으로 정의되었다. 고객 만족을 위한 내부 경영체계, 고객대응 역량, 고객에 대한 책임, 고객정보관리 시스템 등의 핵심역량이 평가되었다. 고객 만족 없이는 기업의 지속적인 성공을 기대하기 힘들다. 많은 기업들이 고객 만족을 궁극적으로 지향해야 할 기본적인 목표로서 내세우고, 고객 만족과 관련된 각종 경영혁신 활동을 추진하는 것도 이러한 이유에서다. 고객의 기대치나 요구에 부응하지 못한다면, 고객 만족이 이루어질 수 없다. 고객 만족은 단순히 제품 품질뿐 아니라 서비스도 해당한다.

고객 만족을 달성하기 위해서는 고객에 대한 이해가 바탕되어야 한다. 기업은 고객이 기대하는 가치를 제공하는 것에 모든 경영 활동의 초점을 두어야 하며, 높은 고객 가치의 창조를 기업의 핵심 목표로 삼아야 한다. 이윤 자체의 추구보다는 고객의 이익을 우선시 했을 때, 브랜드 이미지 향상과 같은 기업의 성과가 높아질 수 있으며, 이러한 성과는 경기상황에 구애받지 않는 장기적인 성과로 이어지게 마련이다. 이를 위해서 고객의 기대와 요구에 대한 지속적인 측정이 필요하다. 기업이 제공하는 가치의 좋고 나쁨을 정하는 주체는 고객이기 때문에 그 기대 수준을 정확히 파악하고, 항상 변하는 고객의 요구를 계속해서 조사하고, 그 결과를 반영해 실행에 옮겨야 한다는 것을 바탕으로 고객 차원의 설문을 개발했다.

사회 차원

사회 차원에서 존경받는 기업은 사회의 일원인 기업 시민으로서 제반 법규를 준수하며 경제적으로 뿐만 아니라 다양한 방면에서 사회에 기여하는 기업으로 정의되었다. 기존의 기업들은 기업의 사회적 책임이라는 말에 상당한 거부감을 보여왔다. 이는 기업에 비용과 부담의 증가를 의미하기 때문이다. 그러나 기업의 사회적 책임과 기업성과는 반드시 서로 반대되는 개념이 아니다. 기업은 사회에 유익한 기업 관행으로 많은 이득을 얻을 수 있기 때문이다. 기업이 사회에 해를 끼친다면 결국 이윤 획득의 기회가 사라진다.

이러한 개념을 바탕으로 사회 차원에서는 기업의 경제적 파급 효과, 사회공헌 이미지 제고, 사회공헌을 위한 내부 경영체계 수립 및 운영, 대외 사회공헌 활동, 공정경쟁 및 법규준수 등 다섯 가지 핵심역량이 평가되었다. 우리가 요즘 겪고 있는 대부분의 사회적 문제들과 환경상의 문제들에서 기업의 책임을 간과할 수 없다. 따라서 기업들이 의식 있는 경영과 책임감을 가지고 이를 해결하려고 노력한다면 여러 어려운 과제들의 해결이 수월해질 것이다.

2005년 결과를 보면 사회 차원에서도 유한킴벌리는 월등한 성적으로 1위를 차지했고 그 외(가나다 순) 교보생명, 부산은행, 삼성생명, 삼성전자, 삼성화재해상보험, 안철수연구소, 유한양행, 중외제약, 포스코가 10위권에 포함되어 평소 대중에게 사회봉사를 잘 한다고 알려진 기업 이미지 순위와는 다른 양상을 보였다. 사회공헌의 대표적인 예로 회자되는 제약회사 머크는 1994년 아프리카에서 발생한 치명적인 전염병인 강장민병의 치료약을 개발해 1,100만 명에게 무료로 지급했으며, 1940년대에도 결핵의 특효약인 스트렙토마이신 관련 특허권을 포기하여 대량 생산이 가능하도록 했다. 이는 미국 경제사상 최대의 의약품 무상지원 서비스였다.

2005년 존경받는 기업으로 선정된 중외제약의 경우는 1945년 해방과 함께 창업해 지속적으로 '생명존중, 개척정신'의 창업이념을 바탕으로 국내 치료의약품 시장을 개척해 왔다. 현재 수액, 순환기, 항암·항생제, 생명공학제품, 헬스케어 제품 등 국내 최다인 340여 종의 치료의약품을 보유한 대표적 제약 메이커로 자리잡고 있다.

6·25 전쟁 직후 국내 제약업계는 5%포도당 등 수액제를 독자적으로 개발할 능력이 없어 주로 미군에서 흘러나온 제품으로 병원의 수요를 충족하는 상황이었다. 당시 외과의 최고 권위자였던 이기섭 박사의 권유로 故이기석 사장이 수액제 개발에 착수했고, 중외제약은 많은 시행착오를 거쳐 1959년 국내 최초로 환자들의 생명수인 수액제 국산화에 성공했다. 수액제는 막대한 설비투자에 비해 이윤이 많지 않은 제품(1리터 제품이 1,000원 수준)이지만 환자들에게는 필수 의약품으로, 생명존중 이념을 실현하는 대표적인 제품이다. 특히 1990년대 이후 수액용기 중 PVC 소재에서 인체 유해 요소가 검출된다는 주장이 그린피스를 비롯한 환경단체에서 꾸준히 제기되었는데, 중외제약은 정부의 규제가 마련되기 전인 1990년대부터 자발적으로 PVC 제품을 포기하고 환경호르몬이 용출되지 않는 친환경적 용기 개발에 착수 1996년부터 비PVC인 테크플렉스 수액을 생산했다. 그 결과 세계 5대 수액제 메이커로 자리매김했다.

머크와 중외제약의 활동은 순수한 박애주의 정신에 입각한 행동이다. 이는 수익을 기대하고 한 행동이 아니었다. 실제로 많은 비용이 들었지만 기업 구성원들의 회사에 대한 자부심 제고라는 부수적 효과를 거둘 수 있었다. 이 외에도 프리미엄 유기농 아이스크림을 생산하는 벤 앤 제리스(Ben & Jerry's)의 창업자 벤 코헨과 제리 그린필드는 회사의 이익 창출 능력을 활용해 진보적인 사회적 목표를 촉진시킴으로써 회사 이윤과 인류 및 지구의 요구가 서로 상충할 필요가 없다는 것을 보여주고자 했다. 이들은 벤 앤 제리스 재단을 설립해 세전 이익의 7.5%를 지역사회의 공익 조직에 기부함으로써 빈곤, 평화, 인권 등을 위해 노력했다. 이렇듯 사회와 환경에 대한 기업들의 크고 작은 공헌 활동이 계속 이어지고 있다.

환경 차원

환경 차원에서 존경받는 기업은 관련 법규를 철저히 준수하면서 환경과 자원을 보호하는 정책을 실천하며, 기업의 자본과 역량을 환경보호에 투자하는 친환경 기업으로 정의되었다. CSF로는 환경보호를 위한 내부 경영체계, 환경 관련 사회공헌 활동, 환경 관련 투자, 대외 환경보호 활동, 환경법규 준수, 환경 모니터링 시스템 등 다양한 환경 관련 요소가 평가되었다. 요즘처럼 환경보전의 중요성이 점차 증대하고 있는 시점에서 환경에 대한 관심과 투자는 기업의 사회적 책임이라는 측면에서뿐만 아니라, 앞으로 기업이 생존하고 번영해 나가는 데에도 필수불가결한 조건이다. 에너지 효율 향상, 환경 친화적 경영 활동, 국제 환경 기준의 준수와 선도 등의 지구환경에 대한 배려를 통해 기업의 경쟁력을 유지 및 확대할 수 있으며, 기업의 이미지 제고와 각국의 규제 환경 준수를 통해 시장의 저변을 확대할 수 있을 것이다.

실제로 에너지 효율 향상을 통해 기업의 에너지 사용량을 줄일 수 있을 뿐 아니라, 공해 발생량을 줄일 수 있어 기업의 수익성 향상과 이미지 제고 효과를 동시에 거둔 예가 있다. 미국의 사우스와이어라는 전선업체는 생산 공정 전반에 걸쳐 에너지 사용량을 측정, 분석했다. 각 생산 단계에서의 에너지 낭비를 막기 위해 철저한 유지·관리 활동을 전개했으며, 아울러 생산 효율 증대를 위해 최신 설비를 도입했다. 그 결과 에너지 소비량은 반으로 줄었음에도 생산량이 지속적으로 증가했고, 비용 절감과 수익 확대에 따라 수익성이 개선되고 이를 바탕으로 미국 내 제일의 전선업체로 성장했다.

2005년 시상에서 삼성전자는 주주와 환경 부분에서 1위에 올랐다. 삼성은 1996년에 환경, 안전, 보건을 기업경영 활동의 핵심 요소로 인식, '녹색 경영'을 선언하고 국내외 모든 사업장에서 실천하고 있다. 글로벌 환경안전 경영, 환경친화제품 개발, 공정개선을 통한 환경영향 최소화 활동, 가장 안전하고 쾌적한 사업장 구축, 지역사회와 함께하는 5대 녹색경영 활동을 실천하고자 하며, 대체가스 적용 등의 노력과 에너지 절감을 위한 체계적인 활동을 전개하고 있다. 이 외에도 3M의 통근 승합차 이용 운동은 교통 혼잡과 공해 배출량 감소를 목적으로 시작되었다. 회사측에서는 승합차만 제공하고 운전은 자원 운전자가 맡는데, 이로 인해 결근율, 지각률의 저하 및 평일 근무 시간의 효과적 이용과 같은 직원들의 성취도 향상 효과도 거두고 있다.

이렇듯 환경 친화적 경영 활동을 통해 자원의 낭비를 줄이거나 직원들에게 통합 승합차를 제공함으로써 배기가스를 줄이려는 등의 노력은 환경보존뿐 아니라 기업의 비용 절감에도 효과가 크다. 이러한 사례에서 알 수 있듯이 국내외 기업 활동에 일률적으로 높은 수준의 환경, 건강, 안전 기준을 제정함으로써 환경 문제와 관련해 신뢰받는 기업 이미지를 구축하는 것도 상생의 전략이 될 수 있다.

이처럼 진정으로 존경받는 기업들은 스스로 혁신성, 윤리성, 공헌도를 개선하기 위해 지속적으로 노력하면서 그 성과를 밖으로 내세우기보다는 자기 구속력을 가지고 내실을 기함으로써 다양한 이해관계자들로부터 신뢰받는 기업들이라는 결론에 도달했다. 이와 같은 기업들이 '존경받는 기업'으로 선정될 수 있도록 전체 평가체계를 구성했다. 본 시상의 수행은 참여한 기업들의 인식 변화에 기여했다. 단순히 주주나 고객에만 초점을 맞추던 기업들이 좀더 다양한 이해관계자들인 직원, 사회, 환경 등의 중요성을 인식하는 데에 중점을 두고 있다.

LG화학의 경우 2004년의 결과에서 기대치보다 낮은 성적의 원인을 찾기 위해 6시그마 과제를 5개월 동안 진행했고, 그 결과 타사에 비해 사회공헌에 대한 전사적 인식 및 활동이 부족하다는 점을 근본 원인으로 파악했다. 이후 CEO의 강력한 후원 하에 새롭게 사회공헌 전담 조직을 만들고, 자원봉사 활동 및 기금 마련 등을 전사적으로 전개했다. 사회공헌의 일환으로 시작한 본 시상이 이렇듯 긍정적인 영향력을 갖게 된 것은 고무적인 일이다.

존경받는 기업과 재무성과의 상관관계

앞서 말했다시피, 예전에는 기업의 임무와 목적이 오직 이윤 추구와 주주의 가치를 극대화하는 것으로만 인식되었으나 최근 들어 주주 외의 직간접적인 이해관계자인 직원, 고객, 사회, 환경에 대해서도 책임을 다해야 하는 것으로 인식이 변하고 있다. 이는 주주 외의 이해관계자들에 대한 책임 이행이 기업의 이미지에 큰 영향을 미치고 이러한 이미지는 기업의 성과와도 직접적으로 상관관계가 있음을 시사한다. 즉, 이제 각 이해관계자들로부터 존경받는 기업이 되기 위한 노력은 선택 사항이 아니라 필수적인 의무 사항이 되고 있는 것이다.

존경받는 기업의 핵심 요소인 혁신성, 윤리성, 공헌성이 미흡한 기업은 고객들로부터 외면당하게 마련이고 이러한 회사들에 다니는 직원들 역시 충성심과 생산성이 떨어지므로, 이는 낮은 재무성과라는 결과로 나타난다. 반대로 높은 윤리성으로 법규를 준수하면서 자발적인 사회공헌을 하는 기업들의 직원들은 존경받는 기업에 다닌다는 자부심을 바탕으로 높은 생산성을 보여주고 있다. 이러한 높은 생산성과 좋은 이미지는 고객들에게도 좋은 품질 및 서비스를 제공하는 바탕이 되고, 이는 결과적으로 높은 재무성과로 나타난다는 것이 존경받는 기업의 선순환적 모델이다. 이러한 선순환적 모델이 가능한 이유는 직원, 고객, 사회, 환경 등의 이해관계자들로부터 받는 존경과 신뢰가 기업의 눈에 보이지 않는 자산이 되기 때문이다.

세계 1위의 식품 업체인 네슬레(Nestle)는 윤리와 투명성이 소비자의 신뢰를 얻는 가장 좋은 방법이라는 것을 일찌감치 깨달은 기업이다.

세계 최초로 분유를 개발, 판매하기 시작한 네슬레는 1960년대 개발도
상국 시장에서 위생 관념 부족으로 아이들이 병에 걸리는 문제가 발생
하자 대규모로 진행하던 마케팅 활동을 대폭 축소하고 의료기관을 통
해서만 분유를 공급하기로 결정했다. 이러한 결정을 통해 네슬레의 투
명한 이미지를 소비자들에게 각인시킬 수 있었고, 이후 강력한 브랜드
파워를 구축할 수 있는 계기가 되었다.

국내에서는 본 시상에서 삼성전자와 함께 공동 대상을 수상한 유한
킴벌리가 존경받는 기업의 선순환 모델을 가장 잘 구현하고 있는 기업
이다. 유한킴벌리는 2005년 평가에서 직원과 사회 차원에서 수많은 기
업들을 따돌리고 1위를 차지했다. 유한킴벌리가 이렇게 존경받는 기업
으로 발전할 수 있었던 것은 유일한 박사의 창업 정신, CEO의 강력한
윤리적 리더십, 대주주인 킴벌리-클라크의 지원 등 조화가 이루어졌
기 때문이다.

실제로 유한킴벌리는 1990년대 유명 유통업체로부터 업체 간 담합
을 요구받은 적이 있다고 한다. 당시 상황에서는 그 유통업체의 요구
를 거절한다는 것은 기업성과에 큰 타격이었기 때문에 대부분의 업체
들이 그 요구에 따랐다. 그러나 유한킴벌리는 단기적으로는 손실이 예
상되지만 회사의 장기적 이익을 위해서는 공정거래를 지키는 것이 바
람직하다는 원칙을 바탕으로 유통업체의 요구를 단호히 거부하여 해
당 유통업체에 납품이 중지되고, 이로 인해 한 달 동안 300억 원 이상
의 매출 손실을 입었다. 하지만 고객들이 유한킴벌리의 제품을 찾아주
었고, 결국 그 유통업체도 유한킴벌리 제품을 다시 받지 않을 수 없게
되었다. 이러한 전통은 직원들에게 보이지 않는 자부심으로 자리잡았

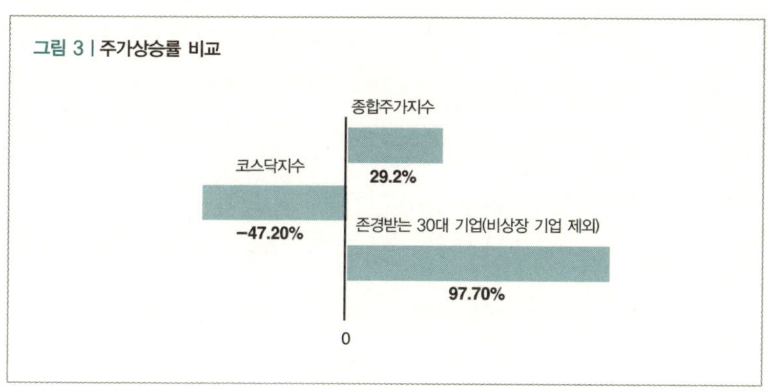

고, 이는 직원 공헌 및 고객 만족 극대화의 노력으로 이어져 변함없이 최고의 실적을 기록하고 있다.

이처럼 존경받는 기업과 재무성과의 상관관계는 여타 기업들에도 나타나고 있다. 전경련이 2001년과 2002년 두 차례에 걸쳐 '기업윤리와 기업성과 간의 관계'를 조사한 자료에 따르면, 두 번의 조사 모두 윤리경영을 실천하는 기업들이 그렇지 않은 기업들보다 주가상승률과 매출액 영업이익률이 크게 앞서는 것으로 나타났다. 〈포천〉에 선정된 존경받는 10대 기업은 1995~2000년의 주가상승률이 41.4%로 S&P 500의 주가상승률인 16.5%를 훨씬 상회하는 것으로 나타났다. 본 시상에서 선정된 기업들의 경우에는 벤치마크와 훨씬 더 큰 격차를 보여주었다. 즉 2002~04년 3년간 종합주가지수는 29.2% 상승했고, 코스닥지수는 오히려 47.2%나 하락한 반면에 존경받는 30대 기업(비상장 기업 제외)의 경우 주가가 97.7%나 상승했다.

이러한 재무성과와의 상관관계 외에도 존경받는 기업이 점점 더 중요해지는 이유는 기업의 국제 경쟁력을 평가하는 글로벌 스탠더드의 잣대로 윤리경영이 최우선순위로 떠오르고 있기 때문이다. 현재 미국에서는 '세계기업윤리표준안'을 세우는 작업을 추진하고 있으며, 미국 증권거래위원회(SEC)도 엔론 사건을 계기로 윤리경영 여부를 상장 기준에 포함시키기 위한 제도 준비에 한창이다. 또한 미국 기관투자가들은 최근 한국을 비롯한 동아시아 국가들에 대해 강도 높은 투명성 및 윤리성을 요구하고 있으며, 회계가 투명하지 않거나 지배구조 개선이 부진한 기업에 대하여 투자 비중을 축소하고 있는 추세다. 따라서 앞으로 투명성과 윤리성을 중시하지 않거나 글로벌 스탠더드에 미치지 못하는 기업은 국내 시장뿐 아니라 세계 시장의 투자자나 소비자로부터 외면받게 될 것이다. 요컨대 존경받는 기업이 되기 위한 노력은 선택 사항이 아닌 필수 요소다. 윤리성이 뒷받침되지 않은 성과는 한 순간에 무너질 수 있는 모래성일 뿐이다.

C·H·A·P·T·E·R 9

존경받는 기업 평가
결과 및 분석

그렇다면 과연 어떻게 해야 존경받는 기업이 될 수 있을까? 여기에서는 본 평가 결과 드러난 각 이해관계자별 상위 5위를 차지한 기업들과 30대 기업, 전체 참여 기업의 공통된 특성을 살펴보고 비교함으로써 존경받는 기업이 되기 위한 시사점을 도출해 보도록 하겠다.

전체적으로 볼 때 고객 차원이 평균 점수도 가장 높았고, 기업 간의 편차도 작게 나타났다. 주주와 직원의 편차는 고객보다 크지만 사회나 환경 차원에 비하면 작은 것으로 나타났다. 이는 기업들이 간접적 이해관계자인 사회나 환경에 비해 아직까지는 직접적인 이해관계자인 주주, 직원 및 고객들에 대해 상대적으로 전략적 비중을 높게 두고 있기 때문이라고 판단된다. 또한 전 차원에서 공통적으로 전체 및 30대 기업과 차원별 상위 5대 기업과의 편차는 상당한 수준인 것으로 나타났다. 이는 일부 상위 기업을 제외하고는 대부분의 기업들이 아직까지

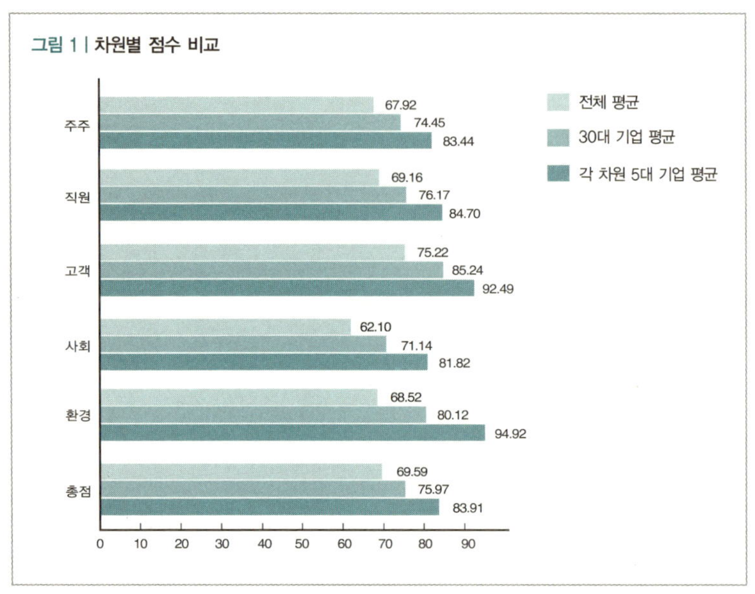

발전의 여지가 많이 남아 있다는 것을 의미한다.

주주 차원

주주 차원에서는 우리나라의 대표 기업인 삼성전자가 1위를 차지했다. 삼성전자를 포함한 상위 5개사들은 대부분의 핵심역량 평가에서 다른 기업들보다 우월한 역량을 보유한 것으로 나타났다. 특히 IR 활동과 지배구조의 투명성 평가에서 가장 큰 편차를 보여주었다. IR 활동은 웹사이트의 투자자정보 공개, 포럼/컨퍼런스 등의 직접 IR 활동 및 주주총회 운영방식 등이 종합적으로 평가되었는데, 특히 주주총회를 운영하는 방

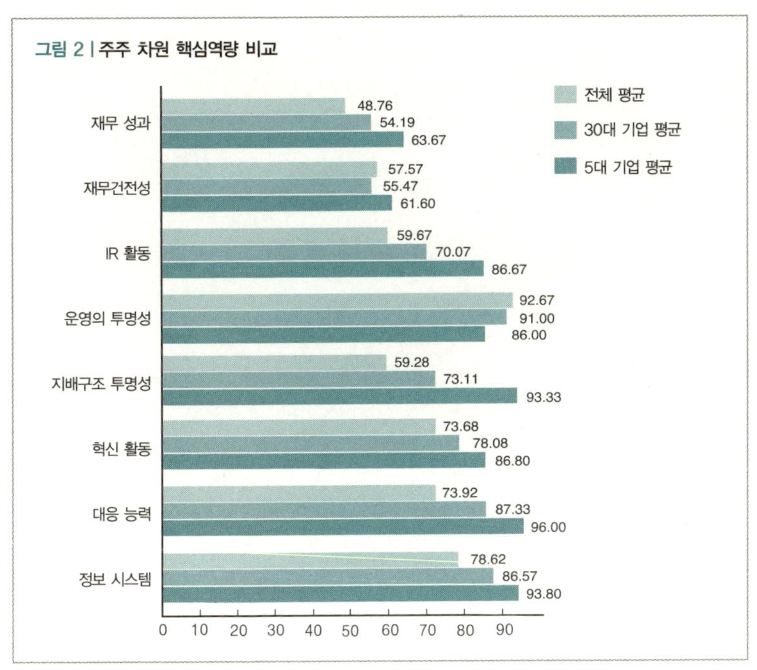

식에서 기업 간에 편차가 많이 나타났다. 많은 기업들이 아직까지 주주 총회시 인터넷 활용도가 미흡했으며 집중투표제 역시 정관에서 배제한 경우가 많았다. 지배구조의 투명성은 웹상의 지배구조 공개 현황, 이사회 현황, 사외이사 제도 현황, 감사위원회 현황 등이 평가되었는데, IR 활동에 비해 더 큰 편차를 보였다. 특히 홈페이지에 지배구조를 공개할 시 기업별로 공개 정도에 편차가 많이 있었다. 감사위원회는 상대적으로 규모가 작은 기업들은 의무화되어 있지 않으므로 설치하고 있지 않은 기업이 많았다. 사외 이사제도의 경우 대부분의 기업들이 이사회의 과반수를 사외이사로 선임하고 있기는 하지만 일부 기업을 제외하고는 대부분 사외이사만의 독립된 회의가 개최되고 있지는 않았다. 이 외에

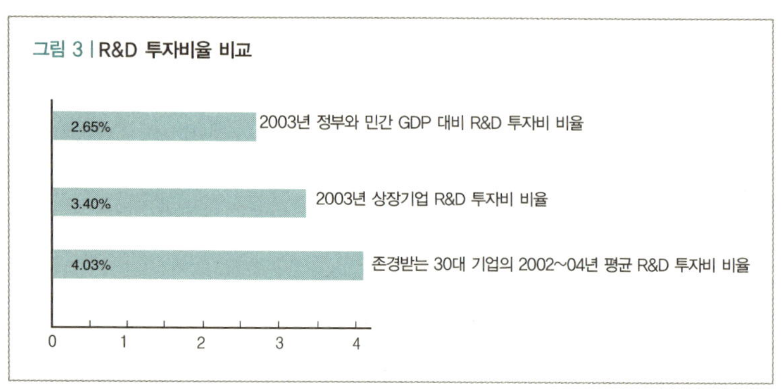

도 혁신 활동을 평가하는 항목 중 하나인 연구개발(R&D) 인력 및 투자 비율에서 '존경받는 기업'은 R&D 투자에 있어서 국내 기업의 평균보다 높은 비율을 보여 기업의 혁신 활동 강화에 더욱 적극적인 것으로 분석 되었다. 과학기술부의 '2004 우리나라 과학기술연구활동 조사 보고서' 에 따르면, 2003년 정부와 민간의 연구개발비 GDP(국내총생산)대비 연 구개발투자비의 비율은 2.65%로 조사되었고, 우리나라 상장기업의 R&D 투자 금액은 외환위기 직후 감소했으나, 2000년 이후 꾸준한 증 가세를 보이면서 2003년에는 3.4%로 높아졌다. 반면 존경받는 기업들 의 2002~04년 평균 R&D 투자 비율은 4.03%를 보여 '존경받는 기업' 은 혁신 활동 강화에 더욱 적극적인 것으로 분석되었다.

직원 차원

직원 차원에서는 유한킴벌리가 1위를 차지했다. 그림 4에서 나타나듯이,

대부분의 핵심역량에서 상위 5개사와 나머지 기업 간에는 상당한 격차가 존재했다. 핵심역량 별로는 편차가 유사한 수준으로 나타났으나, 흥미로운 사실은 기업들 간에 급여나 복리후생보다는 직원당 교육비나 교육 횟수에서 더욱 큰 차이가 있다는 점이다. 전체 여성 직원 중 과장급 이상 여성의 비율 역시 기업 간 편차가 가장 큰 항목 중 하나로 나타났다. 공정한 HR 기능의 측면에서 개선 여지가 많이 존재한다고 판단된다.

존경받는 30대 기업들의 평균 이직률은 4.77%로 우리나라 평균 이직률로 추산되는 20% 후반에 비해 크게 낮은 것으로 드러났다. 물론 이직률이 너무 낮은 것도 역동성이 떨어질 수 있으므로 반드시 좋은 것은 아니다. 하지만 애써 확보한 우수 인재의 이직시, 기업은 업무 공

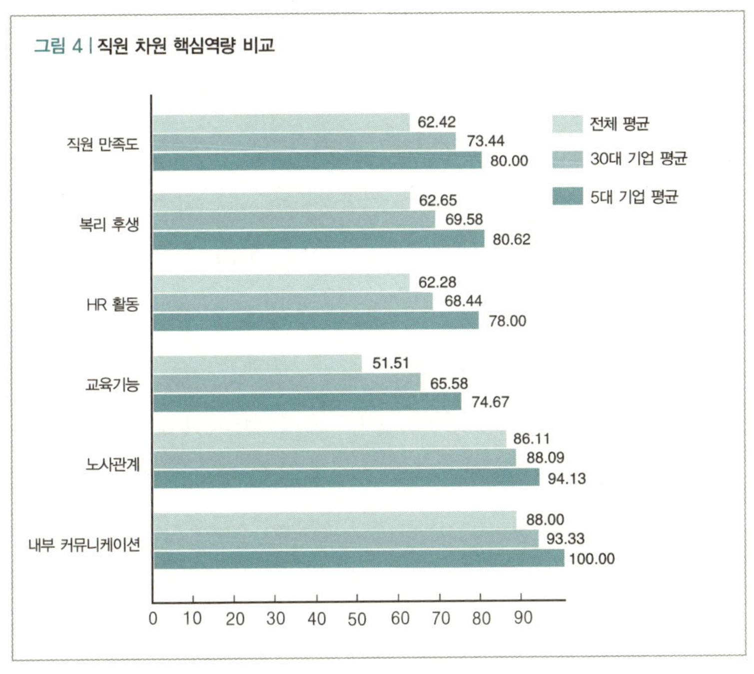

그림 4 | 직원 차원 핵심역량 비교

백으로 인한 손해, 핵심 정보 및 지식의 유출 우려, 인재 확보 및 육성에 들었던 시간과 자원 낭비, 적절한 대체 인력 확보의 어려움 등 엄청난 직간접적 비용을 감수해야 한다. 따라서 기업 입장에서는 우수 인재들의 이직을 최소화하기 위한 노력을 기울여야 한다. 존경받는 기업에 선정된 기업들은 대부분 이러한 이직의 비용을 인식하고 있어서 이직이 발생할 때 원인을 파악하고 이에 대한 대책을 마련하고 있었다.

유한킴벌리의 경우, 직원들 삶의 질 향상을 위한 제도로 4조 2교대제 근무를 도입하고 있다. 4조 2교대제란 2개 조가 12시간씩 하루 24시간을 근무하는 동안 나머지 2개 조는 휴무 또는 교육받는 형태의 근무 형식이다. 직원에게는 일하는 보람과 안전에 대한 배려, 교육을 통한 지식근로자로서의 성장이 있는 직장이 되도록 하고, 회사에는 휴식과 교육을 통한 품질, 생산성에서의 우위 확보를 가능하도록 하는 것이 골자다. 이를 통해 회사의 생산성과 품질이 향상되고, 컴퓨터, 어학, 소양 교육 등의 전인 교육으로 지식근로자를 양성하며 인간 존중의 기업이념을 실현할 수 있으니 진정한 상생(win-win)의 전략이라 할 수 있다. 그 밖에 1997년부터는 근무시간연동제(Flexible Time System)를 실시하고 있는데, 출근 시간을 07시 30분부터 09시까지 본인의 사정에 맞게 자유로이 정할 수 있고, 퇴근 시간은 그에 맞추어 오후 4시 30분부터 6시까지로 정해진다. 또한 토요일은 출근이나 퇴근 시간을 전혀 지정하지 않는 자율근무제 형태로 운영하는데, 맞벌이 부부의 자녀양육이나 가정생활에 많은 도움을 주고 있으며, 특히 학업을 계속하고 싶은 직원의 경우 야간대학이나 대학원에 진학하는 데 활용하고 있다고 한다. 제도 시행 후 8년 간 30여 명의 고졸 직원 중 50% 이상이 2년제 또는 4년제 대학을 졸업하거나 수학 중에 있으며, 그 교육 경력을 본인의 경력 개발에 활용하거나, 자아실현의 기회로 삼고 있다.

2005년 존경받는 기업에 선정된 태평양의 경우, 직원 부분에서 유한킴벌리와 삼성생명에 이어 3위를 차지했다. 태평양은 여성친화적인 기업인 만큼 직원 만족 역시 여성에 더욱 큰 비중을 두고 있다. 또한 직원 교육비가 1인당 420만 원으로 30대 존경받는 기업의 평균인 121만 9,000원에 비해 압도적으로 높았다. 태평양의 복리후생 프로그램은 적용 범위가 넓고, 최상위권에 속하는 기업답게 다양한 분야에 지원한다. 직원의 경력관리를 적극적으로 하며, 여성 중심의 회사답게 여성 과장의 비율도 상위권에 속한다. 평균 채용 공고부터 남녀 구분없이 양성 평등을 실행하고, 직급 호칭을 파괴해 수평적 조직문화를 만들었다. 비정규직 직원의 비율도 30대 기업 평균 9.3% 대비 절반 수준인 4.5%에 그친다. 금연 및 건강 다이어트 캠페인을 전개해 건강한 조직을 추구하는 동시에 경력개발, 자기계발, 해외연수 등의 프로그램을 운영해 자기발전을 지원한다. 2004년 3월에는 직장 보육시설인 태평양 어린이 집을 업계 최초로 개원했고, 이에 앞서 2003년 12월에는 본사 내에 여성전용 휴게실을 마련하여, 휴게 공간(테이블, 소파)과 휴게 시설(침대, 발 마사지기 등)은 물론 유축기, 젖병 소독기 등의 착유 시설을 설치해 영·유아를 가진 여성들의 모성보호에 기여하고 있다. 그 밖에 여성고충 상담처리위원회, 여성화장실 비데 설치, 주택구입 및 전세자금 융자, 성희롱 예방 교육, 학자금 및 경조금 지원, 생활, 여가 편의시설 지원, 종업원 단체상해보험, 각종 동호회 활동 등을 지원하고 있다.

태평양은 어느 회사보다 직원만족도 조사에 깊은 관심과 열정을 갖고 있었다. ICSI(Internal Customer Satisfaction Index)라는 내부 고객 만족도 평가를 연2회 실시하고, 종업원 만족도 조사라는 평가도 연1회 실시한 후 그 결과를 분석해 부족한 부분에 대한 방안을 마련한다. 뿐만 아니라 쉐어드서비스 만족도 조사라는 평가를 통해 관계회사 및 업무 교류를 통한 관련 부서 사이의 조직 간 서비스 평가를 실시하고 있어 원활한 교류가 이루어지는 수평적 조직문화를 만들고 있다.

고객 차원

고객 차원의 평가는 이미 대다수의 기업들이 비중 있는 이해관계자로 고객을 강조하고 있어 고객 관련 활동에 주력해 박빙의 순위 경쟁이 진행되었다. 다만 1, 2위는 3위 이하 그룹들과 상당한 점수 차이가 있었다. 삼성화재는 근소한 차이로 태평양을 제치고 1위를 차지했다. 전반적으로 일부 소규모 B2B 기업들을 제외하고는 참여 기업들이 고객 정보 관리 시스템을 잘 활용하는 등 고객 차원은 비교적 기업들 간 편차가 작았다. 이는 최근 VOC(Voice of Customor) 및 CRM(Customer Relationship Management) 등이 강조되면서 시스템 측면에서는 상당한 투자를 아끼지 않고 있다는 사실을 알 수 있다. 하지만 기타 핵심역량 중 고객 만족을 위한 내부 프로세스나 고객 대응 역량 및 고객에 대한 책임 부분에서는 전체 평균 점수가 낮아 상대적으로 큰 편차를 보였다.

고객에 대한 책임은 각종 고객 관련 법규위반 및 홈페이지에 상품과 서비스에 관한 정보제공 등으로 평가되었다. 30대 기업 대부분이 허위

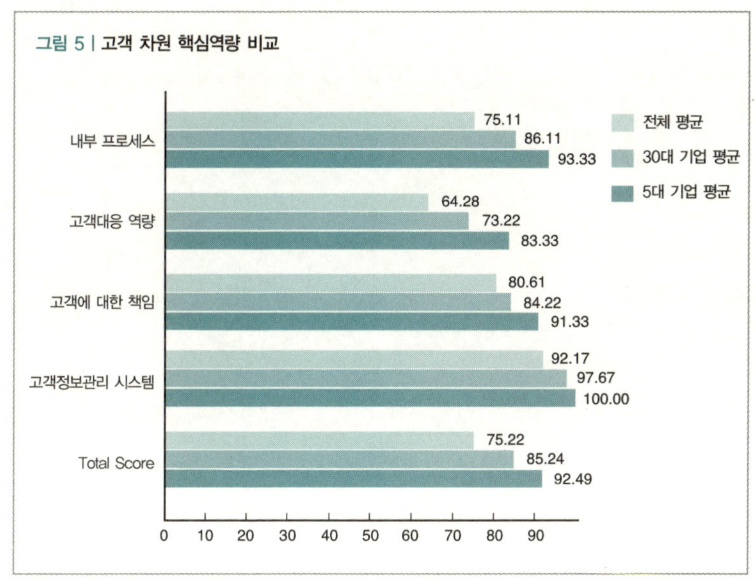

과장 광고와 관련한 법규위반 사실이 없었으나 3개 기업의 경우 지난 3년 간 1회 이상 위반 사실이 있어 감점을 받았다. 30대 기업 중 5개 기업은 불공정 약관으로 고객에 대한 책임을 다하지 못했다. 이러한 고객 관련 법규 역시 기업으로서는 꼭 지켜야 하는 필수 항목이므로 향후에는 감점받는 기업이 없어지기를 기대해 본다.

고객 만족 활동을 경영에 가장 잘 반영한 사례인 삼성화재는 1993년 '삼성 신경영 선언' 이후, 1994년부터 예외 없이 연2회 고객 만족도 조사를 실시했다. 연2회 고객 만족도 조사를 실시하는 기업은 국내에서 사례를 찾아보기 어렵다. 이들은 조사 이후 개선과제를 추진하고 있으며, 외부 리서치 전문기관과 내부 전문인력의 장점을 활용해 고객 만족을 위한 상세한 실행 및 분석 방안을 마련하도록 되어 있었다. 특

히 상·하반기 전사경영 전략회의 때는 총괄 단위로 고객 만족 경영의
성과 및 계획 사항을 발표하는 방식으로 계획에 반영되어 개선 요구
사항이 수시로 현업에 전달되고 있다.

사회 차원

사회 차원은 환경 차원과 함께 기업 간의 편차가 가장 크게 나타났다.
특히 30위권의 기업들조차도 1위인 유한킴벌리를 포함한 상위 5개사
와는 대부분의 핵심역량에서 상당한 격차를 보였다. 최근 윤리경영과
기업의 사회적 책임이 강조되면서 많이 좋아졌다고는 해도 아직까지
는 개선해야 할 점이 상당히 많은 것으로 생각된다. 핵심역량별로 살
펴보면 고용평등을 제외하고는 사회공헌을 위한 내부 경영체계, 대외
사회공헌 활동, 공정경쟁 및 사회법규 준수 등 모든 역량 평가에서 기
업 간 편차가 크게 나타났다. 고용평등은 전체 남녀 비율, 장애인 직원
비율, 남녀 급여 비율 등으로 평가되었는데, 특히 장애인 직원 비율에
서 아직 국내 기업들이 미흡한 것으로 나타났다. 일부 기업의 경우 장
애인 고용촉진공단과 제휴해 장애인 채용 비율을 확대하는 등의 노력
을 기울이고 있었으나, 30대 기업의 평균 장애인 비율은 0.59%에 불과
하여 정부가 권장하는 비율인 2%에 크게 못 미쳤고 분담금 납부로 그
의무를 대신하고 있어 향후 기업들의 개선 노력이 필요한 것으로 판단
된다. 사회공헌을 위한 내부 경영체계는 사회공헌 전담 조직, 계획 및
예산, 성과 평가체계 등으로 평가되었는데, 아직 공식적인 체계 없이

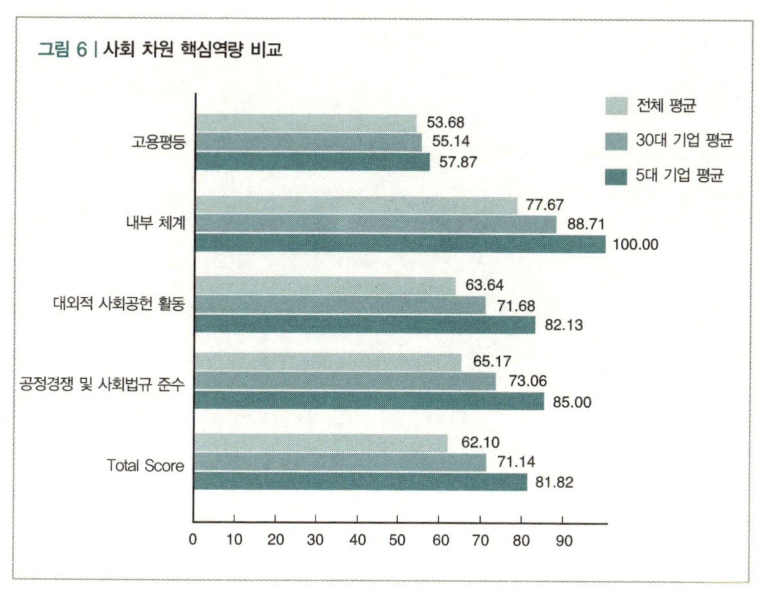

비정기적으로 사회공헌을 하는 기업들이 많았다. 대외적 사회공헌 활동은 상위 5대 기업의 매출액 대비 투자 비율은 0.54%로 30대 기업 평균인 0.25%에 비해 두 배 이상 많은 것으로 나타났다. 가장 높은 가중치로 평가된 공정거래 및 관련 법규 위반에서는 30대 기업 중 무려 14개 기업이 과거 3년간 1회 이상 공정거래법을 위반한 것으로 나타나 기업들이 가장 우선적으로 개선해야 할 영역이라고 생각된다.

안철수연구소는 1999년 말 무렵 Y2K바이러스에 대한 관심이 급증하고 사회적으로 과잉 경고가 나서는 시점에서 2000년 1월 1일이 되더라도 아무 문제가 생기지 않을 것이라는, 당시로서는 파격적인 보도자료를 내놨다. 안철수연구소는 Y2K바이러스가 문제가 될지 여부를 미리 예측할 수 있었고 당시 신고 상황으로 봐서 문제될 가능성이 낮다고 판단한 것이다. 하지만 피해가 예상된다고 말하기는 쉽지만 피해가 없을 것이라고 말하는 것은 결코 쉽지 않은 일이다. 만일 작은 피해라도 발생하면 그 책임을 고스란히 떠안아야 하기 때문에 확신과 용기가 없다면 밝히기 힘든 일이다. 게다가 내부적으로는 매출을 늘릴 좋은 기회를 스스로 포기하는 것이기에 더욱 어려운 결정이었다.

그러나 안철수 의장과 경영진은 당장 눈에 들어오는 이익을 좇기 위해 옳지 않은 일을 하는 것은 도리가 아니라고 생각했다. 결국 Y2K바이러스로 인한 피해는 나타나지 않았고 안철수연구소의 양심과 원칙에 따른 태도는 몇 배의 가치로 되돌아왔다. 안철수연구소는 창립 이래 사이버 재난시 일반에 컴퓨터 백신을 무료로 배포하는 등 공익의 정신을 이어가고 있다. 이는 창립 이전인 1988년부터 1995년까지 7년간 컴퓨터 바이러스 백신을 일반에 무료로 배포한 역사와 맥을 같이한다. 지난 1997년 모 글로벌 보안업체로부터 1,000만 달러라는 당시로선 엄청난 거액의 인수 제의를 받았으나 단호히 거절한 이유도 회사를 넘긴다면 국내 백신 가격이 턱없이 비싸질 거라는 생각에서였다. 안철수연구소는 '끊임없는 연구개발로 함께 살아가는 사회에 기여한다'는 존재 의미(기업 이념)에 따라 사회공헌 활동을 벌여왔다

환경 차원

마지막으로 환경 차원은 30대 기업들, 특히 통신, 유통 등 서비스업에 속한 기업들의 많은 노력이 필요한 부문으로 나타났다. 1위인 삼성전

자를 비롯한 상위 기업들은 대체로 모든 역량에서 우수한 모습을 보여주었으나, 기타 기업들은 환경보고서 작성 또는 공개, 환경모니터링 시스템 등 다양한 역량이 아직 미흡했다. 환경 부분은 1, 2, 3위의 격차가 아주 근소했는데, 현대자동차는 2005년 기후협약 교토의정서 발표에 따라 '기후협약 대응 TFT'를 구성해 지구온난화 방지를 위한 이산화탄소 배출량을 줄이는 데 주안점을 두었다. 지구촌 환경을 보존할 친환경 자동차 개발에 많은 R&D 인력과 비용을 투자하고 있다. 친환경성과 경제성에 대한 사회적 관심과 이해를 높일 수 있는 산업 관련 활동과 차량생산 단계에서의 환경성 강화를 위해 오염물질 배출이 없는 무공해 차량을 개발하고 있다. 또한 최소한의 에너지를 사용하는 청정생산체제와 부품 협력업체의 환경경영 능력을 배양하도록 유도하는 그린 구매체제를 구축, 운영하는 등의 노력을 하고 있었다.

대한항공은 지속적으로 환경에 지대한 관심을 쏟은 기업으로 본 평가 환경 부분에서 우수한 성적을 거두었다. 항공산업은 그 속성상 환경에 불가피하게 영향을 미치고 있으며 이는 세계 경제발전과 항공여행의 수요증가에 따라 현실적인 어려움이 되고 있다. 결국 새로운 기술과 대체연료가 개발되기 전까지는 우리 세대의 욕구를 충족하면서 최소한의 자원만을 사용하는 지속가능 발전이 지구 환경을 보전할 수 있는 유일한 방법이다. 이러한 목적을 달성하기 위해 대한항공은 구형 항공기에 비해 연료를 20% 이상 줄일 수 있는 차세대 항공기 도입 계약을 체결하는 등 지속적으로 기종을 현대화하고 운항 효율을 높이고 있으며, 그 외 여러 환경 관련 활동을 활발히 수행하고 있다. 이러한 일련의 노력을 통해 환경에 대한 추가 부담 없이 경제적 성과와 사회적

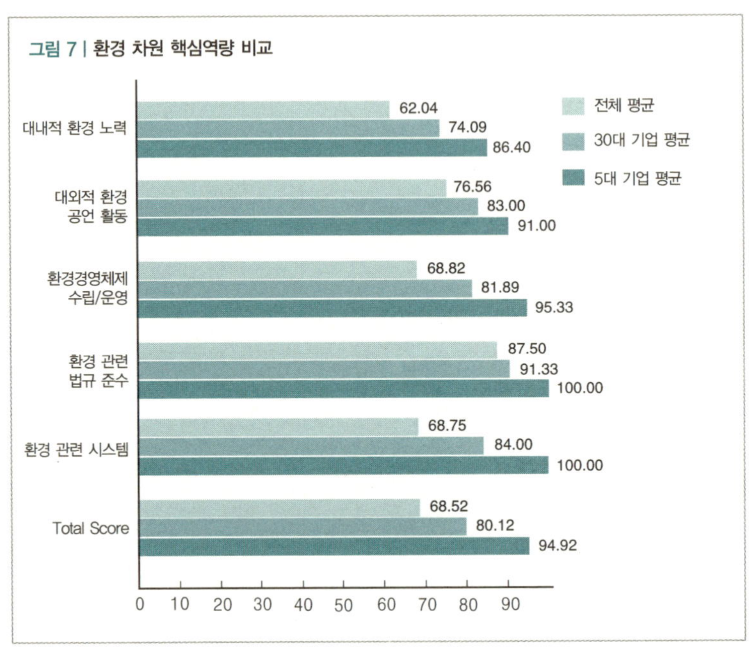

책임을 함께 달성하도록 노력하는 본보기를 보이고 있다.

환경 차원에서의 특이한 점은 대체로 다른 차원에서는 IT 시스템의 평균 점수가 가장 높았으나, 환경 모니터링 시스템의 경우 예외로서 다른 핵심역량에 비해 오히려 점수가 낮은 편이었다. 이는 아직까지 기업들이 환경 모니터링 시스템의 필요성을 인식하지 못하고 있는 경우가 많다는 것이고, 이러한 기업들은 곧 진정한 친환경 경영을 위한 준비가 되어 있지 않다는 것을 의미하므로 개선이 필요하다고 생각된다. 매출액 대비 환경 지출·투자 비용의 경우 30대 기업의 평균은 0.36%, 상위 5개사는 0.75%로 상당한 수준을 투자하는 것으로 나타났다. 30대 기업 중 4개사는 지난 3년간 환경 관련 법규를 위반한 사실이

있어 평가에 불이익을 받았다. 2005년 지구온난화 방지를 위한 교토의
정서가 발효되는 등 각종 글로벌 환경 문제가 심각한 국제 문제로 부
각되고 있다. 우리나라 기업들의 환경에 대한 관심이 더욱 요구된다.

존경받는 기업을 위한 제언

지금까지 존경받는 기업이란 어떠한 기업이며, 평가의 구체적인 방법
에 대해 자세히 살펴보았다. 특히 앞서 살펴본 차원별 분석 내용의 경
우, 실제 프로젝트를 진행하면서 수집된 각 기업들의 데이터를 근거로
작성되었다. 따라서 대한민국에서 '존경받는' 기업으로 선정된 각 기
업 간 역량별로 어떠한 위치에 있는지를 비교할 수 있고, 향후 존경받
는 기업으로 발전하는 데에 작은 보탬이 될 수 있으리라 생각한다. 나
아가야 하는 이유와 방향을 알게 되었다면 이제 남은 것은 하나, 바로
최고경영자의 의지다. 아직도 최고경영자가 존경받는 기업이 되기 위
한 투자를 절약할 수 있는 비용이라고 생각한다면 그 기업이 진정으로
존경받는 기업이 되기 위해 필요한 시간은 훨씬 늘어날 것이다. 앞서
언급되었듯이, 존경받는 기업의 CEO는 Chief Ethical Officer(최고 윤리
책임자)가 되어야 한다. 존경받는 기업이 되는 과정에서 생겨날 여러 윤
리적 유혹들을 이겨내기 위해서는 최고경영자의 강력한 의지 및 리더
십이 필수다. 본 평가에서도 CEO의 관심 정도가 참여의 적극성에 큰
영향을 미쳤다. 이처럼 작은 사례에서도 알 수 있듯이 기업의 문화가
바뀌어야 진정한 혁신이 완성될 수 있다.

이성열

IBM Korea, Global Business Services 대표 파트너
전 IBM BCS Korea, 대표이사
전 PwC Consulting Korea 부사장
PriceWaterhouseCoopers Global partner,

이성열 박사는 1990년부터 글로벌 컨설팅 회사에 재직하면서 17년간 국내 대기업과 미국, 유럽 및 일본의 선도 글로벌 기업들을 위한 경영전략, 경영모델 재설계 및 대규모 경영혁신 프로젝트를 수행해 왔다.
국내에서는 삼성전자, 태평양 등에서 다수의 경영혁신 프로젝트에 참여했다. 해외 기업을 대상으로는 네덜란드 Philips의 글로벌 SCM 구현 프로젝트, 일본 NEC 반도체 사업본부의 글로벌 경영혁신 프로젝트에도 참여했다.
현재 IBM의 Global Business Services 사업부문의 글로벌 파트너이자 대표로 활동 중이다.

염승섭

IBM Korea,
Global Business Services 파트너

염승섭 파트너는 Andersen Consulting, PriceWater-houseCoopers Consulting을 거쳐 현재 IBM Korea의 Global Business Services 사업부문에서 Business Strategy 리더를 맡고 있다.
전략그룹(Strategy & Change Service Line)에서 주로 사업전략 및 운영전략, 프로세스 혁신, 조직진단 및 변화관리, 6시그마 등의 프로젝트를 리딩하고 있다. 전략컨설턴트로서 지난 십수년간 포스코 및 계열사, 만도기계, LG유통, MBC, KT, SKT 및 계열사, 태평양 등의 기업에서 전략, 조직 및 프로세스 혁신관련 프로젝트를 수행해 왔다.

사례 작성에 기여한 IBM 글로벌 비즈니스 서비스의 파트너와 컨설턴트

김정원 Industrial 섹터, 글로벌 파트너: 포스코 프로세스 혁신 사례 작성

김창대 Strategy & Change 서비스 라인 리더, 글로벌 파트너: 포스코 6시그마 사례 작성

강진영 Industrial 섹터, 파트너: 삼성전자 사례에 대한 overview 작성

봉찬식 Industrial 섹터, 시니어 컨설턴트: 삼성전자 구매혁신 사례 작성

이정욱 Strategy & Change 서비스 라인, 조직/변화전략 리더: GS 칼텍스 6시그마 사례 작성

김성근 SMB 섹터, 제조분야 담당 매니징 컨설턴트: 한국타이어 경영혁신 사례 작성

진영석 Supply Chain Management 서비스 라인, 시니어 컨설턴트: STX조선 혁신사례 작성

박종필 Financial Management 서비스 라인, 매니징 컨설턴트: 다음커뮤니케이션 혁신 사례 작성

김경원 Application Innovation 서비스 라인, 시니어 컨설턴트, 삼성SDI 공급망 혁신사례 작성

이은중 Application Innovation 서비스 라인, 매니징 컨설턴트: 기업은행 차세대 시스템 혁신 사례 작성

김상길 Application Service Delivery 리더, 파트너: 태평양 혁신사례 작성

박성진 Strategy & Change 서비스라인, 운영전략 리더: 태평양 6시그마 사례 작성

기업은 혁신을 통해 성장한다

지은이 / 이성열 · 염승섭
펴낸이 / 김경태
펴낸곳 / 한국경제신문 한경BP
등록 / 제 2-315(1967. 5. 15)
제1판 1쇄 인쇄 / 2006년 9월 20일
제1판 1쇄 발행 / 2006년 9월 25일
주소 / 서울특별시 중구 중림동 441
홈페이지 / http://bp.hankyung.com
전자우편 / bp@hankyung.com
기획출판팀 / 3604-553~6
영업마케팅팀 / 3604-561~2, 595
FAX / 3604-599

ISBN 89-475-2590-1

값 18,000원

파본이나 잘못된 책은 바꿔 드립니다.